Rüegg/Feißt · Winterrezepte und Geschichten

Kathrin Rüegg / Werner O. Feißt

Winterrezepte und Geschichten

Was die Großmutter noch wußte, Band 5

Mit 61 Abbildungen von Roland Bertschinger

Müller Rüschlikon Verlags AG, CH-Cham / Zug

ISBN 3-275-01072-7

2. Auflage 1993
Copyright © by Müller Rüschlikon Verlags AG,
Gewerbestraße 10, CH-6330 Cham

Satz: F. X. Stückle, D-77955 Ettenheim
Druck und Bindung: Druckerei Uhl, D-78315 Radolfzell
Printed in Germany

Wo nicht anders vermerkt,
sind die Kochrezepte
immer für vier Personen angegeben.

Inhaltsverzeichnis

(Die ohne Namen aufgeführten Kapitel sind von Kathrin Rüegg)

Vorwort

Es ist Juni. Natürlich probiere ich die Rezepte für dieses Winter-Kochbuch nicht jetzt aus. Das tat ich zum Teil, um sie in unseren Sendungen zu zeigen, zum Teil, kenne ich sie schon längst.

Aber der Fotograf will also jetzt kommen. Und ich mache mich seelisch darauf gefaßt, mitten im Sommer Fasnachtschüechli und Christstollen zu backen und Kastanien zu braten.
Am Anfang der Rezept-Fotos steht eine Einkaufsliste. Vergessen darf ich nichts. Das nächste einigermaßen gut ausgestattete Lebensmittelgeschäft erfordert eine fast einstündige Autofahrt für einen Weg. Natürlich: Zwiebeln würde mir jede Hausfrau unseres Dorfes ausleihen, auch Milch oder Käse. Auch weiße Bohnen — weil die immer in die Minestrone gehören.
Aber Stockfisch oder Rosenkohl, Kastanien? Ob ich die überhaupt jetzt finde??
Ich fahre in den wohl größten Supermarkt des Tessins — und erlebe eine neue Art des Einkaufens. Normalerweise brauche ich die Grundnahrungsmittel, die wir selbst nicht erzeugen können und die auch niemand im Tal produziert:
Reis, Kaffee, Öl, Polenta, Zusatzstoffe wie Salz und Hefe usw.
Hierfür habe ich meine Liste, weiß, wo ich was im Regal finde — und alles andere läßt mich kalt. Fertiggerichte, Konserven in Dosen, Gläsern, Tüten.
Aber jetzt interessiert mich das alles. Meine Freundin Margarete kommt zwar, um mir zu helfen. Aber fünfzig verschiedene Gerichte in einer Woche fotografierfertig zu kochen, das ist eine Gewaltsaufgabe. Wenn ich mir also gewisse Arbeiten ersparen kann? Zum Beispiel den Karotten- und Selleriesalat in der Tüte kaufe, das Kastanienpüree tiefgekühlt?
Oh Gott: und gibt es jetzt Südfrüchte? Clementinen zum Beispiel und Ananas?
Um es kurz zu machen: fast alles habe ich gefunden. Das «fast» beschränkt sich auf Kastanien in der Schale. Dafür entdeckte ich, daß es wunderschön geschälte tiefgekühlte Kastanien gibt.
Und als ich die Tüten mit den vielfältigsten Salaten, die Pakete mit den schönsten tiefgekühlten Wintergemüsen in meinem Einkaufswagen verstaute, fragte ich mich, weshalb ich mir in meinem «Normalleben» das Kochen so kompliziert mache. Würde ich bei meinem Eigenbau-Gemüse die Arbeitsstunden rechnen, so käme das gekaufte und oft auch das schon zubereitete eher billiger zu stehen.
Die ketzerischen Gedanken hielten nicht lange an. Am ersten Tag fotografierten wir die Hähnchen vom Grill und aßen anschließend den als Dekoration fotografierten Fixfertigsalat aus den Tüten. Meine Mann- (oder Frau-)schaft inklusive Fotograf kauten lustlos auf dem Salat herum, der allesamt nach überhaupt nichts schmeckte. Damit war mein Ausflug in die schöne, moderne Kochwelt kurz und schmerzlos beendet.

Eine andere Seite der modernen Hauswirtschaft kam mir aber sehr zustatten: die Tiefkühltruhe. Unsere Rezepte sind nicht «gezinkt». Alles, was da fotografiert wurde, könnte auch gegessen werden – nur waren nicht genügend hungrige Mägen da, um alles sofort zu verzehren. Also ruhen «Huhn Marengo» und der «Wildschweinhals im kalten Ofen» jetzt ordentlich beschriftet in Dosen im Tiefkühler.

Sparsam kochen, nichts verderben lassen, Reste in ein neues, gutes Gericht verwandeln. Das gehört alles zur Großmutter-Küche oder zu dem, was wir heute darunter verstehen.

Natürlich könnte man auch argumentieren, es genüge, die Rezepte aus Großmutters Zeiten einfach einem alten Kochbuch zu entnehmen – und basta!

Aber einerseits wurden offenbar früher viel gründlichere Kochkenntnisse vorausgesetzt, die Arbeitsvorgänge also kaum näher beschrieben, und andererseits sind unsere Eßgewohnheiten ganz anders geworden. Was da für Quantitäten aufgetischt wurden ... Mich drückt mein Magen, wenn ich es bloß lese.

Die arme junge Hausfrau, die dem Rezept folgend aus 2 ½ kg Mehl Fasnachtschüechli-Teig bereitet. Das gibt nämlich einen ganzen Wäschekorb voller Chüechli – und wenn sie am Morgen begänne, wäre sie vermutlich am Abend noch nicht fertig, wenn sie das in einer modernen Friteuse backen müßte.

Großmutter-Rezepte neu zu bearbeiten ist wie Schatz-Graben. Manchmal wird man fündig – manchmal schütteln alle Testpersonen den Kopf.

Das Ziel dieser Rezepte ist es, Ihnen, liebe Leserinnen, den Mund wäßrig zu machen mit den Angaben von nicht so bekannten, einfach herzustellenden Rezepten, von denen Ihr Liebster sagt, *so* hätte es bei seiner Mutter geschmeckt.

Und wenn es sich nun um fremdländische Rezepte handelt? Überall in der Welt gab und gibt es Großmütter, die gut und gerne kochen. Ihr Küchengeheimnis ist aber überall dasselbe: sie tun es nicht nur mit Sachkenntnis – sie tun es auch mit Liebe! So sind auch diese Rezept-Seiten entstanden.

Ihre

Kathrin Rüegg

Herbst

Als Gott der Allmächtige die Welt erschaffen hatte, hatte er die Welt seiner Allmacht entsprechend geschaffen. Sie war perfekt. Das Wetter war perfekt. Es gab keine Nacht, es gab keine Wolken, die Sonne schien immer von einem ewig blauen Himmel. Es war immer Tag, es war immer Frühling. Auch Pflanzen, Tiere und Menschen waren perfekt. Sie kannten keine Krankheit, sie kannten keinen Hunger, keine Liebe, sie kannten keinen Tod.

Sie brauchten nicht zu essen und zu trinken, ihre Lebenskraft bekamen sie unmittelbar von Gott. Und selbst Bakterien und Viren lebten aus göttlicher Kraft, ohne einem fremden Organismus schaden zu müssen.

Da sagte Gottes ungeratener Sohn, der Satan: «Herr, deine Welt ist so vollkommen, daß sie unvollkommen ist. Zumindest ist sie langweilig. Es geschieht ja nichts. Sie ist immer gleich. Macht dir dieses dein Werk Spaß?»

Da schuf Gott, der Allweise, die Zeit. Und von nun an gab es Anfang und Ende, Werden und Vergehen, Leben und Tod, Tag und Nacht, Sonne und Regen, Sommer und Winter.

Und das Leben war schön, weil es den Tod gab, und die Liebe war schön, weil es den Haß gab und der Sonnenschein war schön, weil es den Regen gab und der Sommer war schön, weil es den Winter gab. Und seitdem hat alles seine Zeit. Seitdem gibt es aber auch den Wunsch der Menschen nach Vollkommenheit. Die Sehnsucht nach Glück, nach Gesundheit, nach Sättigung, nach Zufriedenheit, nach Liebe und Anerkennung, den geheimen Wunsch, die Zeit möge einem nicht zwischen den Fingern zerrinnen, das Rad, das ewigdrehende Rad von Werden und Vergehen möge still stehen, die rasende Hast unseres Lebens möge anhalten, der glückliche Augenblick möge verweilen. Es möge immer Sommer sein oder Frühling . . .

Dabei ist der Winter gar nicht so schlecht. Ich habe mich in der erbarmungslosen Sonne des Südens schon bei dem Wunsch ertappt nach einem kalten sonnenlosen Wintertag daheim . . . Alles hat halt seine Zeit.

Der Winter ist die vierte, letzte der vier Jahreszeiten. Warum eigentlich? Warum sagen wir Frühling, Sommer, Herbst und Winter? Wegen der Analogie zu unserem eigenen Leben? Geboren werden, das ist Frühling, sich entwickeln, das ist Sommer, reifen und sterben, das ist Herbst und tot sein, das ist Winter. Es könnte aber doch auch mit dem Nichtsein beginnen, dem Winter und zum Herbst laufen, so wie es das westliche Kirchenjahr tut, das mit dem 1. Dezember beginnt, mit der Zeit der größten Dunkelheit, den Tagen und Wochen vor der Sonnenwende, dem Weihnachtsfest, wo das Jahr, wo das Leben aus dem Tod aufbricht. Oder man könnte doch auch den Sommer mit dem Höhepunkt des Jahres an den Abschluß stellen mit der Sommersonnenwende, wenn es wieder bergab geht, der Nacht zu?

Die Orthodoxe Kirche tut dies übrigens, die den Jahresanfang auf den 1. September gelegt hat, aus Gründen, die ich nicht kenne. Das Jahr beginnt dann mit der Zeit der Reife.

Wahr ist, die vier Jahreszeiten gehen nahtlos ineinander über. Das Leben, das ewige Leben, schwingt auf und ab. Einschnitte sind menschlich, willkürlich gesetzt, Ergebnis unseres kurzen Daseins in dieser Welt, das die Jahre zählt und um die Vergänglichkeit weiß. Die Natur kennt keinen endgültigen Tod. Ruhe vielleicht. Wenn der Winter kommt und die Sonne fern ist, dann bereitet sich in der Erde der nächste Frühling vor, die nächste Zeit des Blühens und des Grünwerdens, und manches braucht den Frost, damit neues Leben daraus hervorgehen kann.

Es ist Winter. Ein grauer Himmel hängt tief. Nässe tropft von kahlen Bäumen, auf schmutzigem Asphalt stehen Lachen, Autoreifen spritzen rücksichtslos Wasser auf eilige Passanten unter triefenden Schirmen und triefenden Mänteln. Schnupfen und Husten und Grippe. Der Mensch ist nicht für den Winter geboren.

Kinder freuen sich auf den Winter, die noch endlos Zeit haben und denen der Winter Schlittenfahren verspricht und Schneemannbauen und Schneeballschlachten. Und Wintersportler lieben den Winter, natürlich. Hat er nicht auch sonst liebenswerte Seiten?

Der Winter, das ist nicht nur graue Feuchtigkeit, das sind auch strahlende Tage voller Sonne und glitzerndem Schnee, Bäume und Büsche vom Rauhreif in bizarre Unwirklichkeit verwandelt, schimmerndes Glas von Eiszapfen und gefrorenen Bächen.

Winter, das ist auch der Übergang aus dem Herbst, aus der Zeit, wo die Früchte reif werden, wo das Jahr seine ganze Fülle verschenkt. Das ist das unwirkliche Licht später Oktobertage, das aus dem weichen Samt des morgendlichen Dunstes erwacht und dann zu jener stählernen Klarheit kommt, in der die Konturen der Berge, die schwarzen Tannen, die gelben Lärchen hart und gnadenlos stehen, in der man fortgehen möchte in eine unbestimmte Ferne, wo dieses Licht und diese Stimmung nie aufhören. Und Winter ist auch die Hoffnung von Februartagen, wenn in einer kräftiger gewordenen Sonne das Schmelzwasser von Eiszapfen tropft und in Gullis gluckert. Wenn die ersten Schneeglöckchen blühen und die Hamamelis im Vorgarten trotz aller Kälte. Winter, das ist die Zeit des Übergangs zwischen der Fülle und Reife des Herbstes und seinem Vergehen und dem Wiedergeborenwerden des Frühlings, dem ersten frühen Erwachen des Lebens: zwischen Alter und Kindheit, Übergang. Das Pendel am tiefsten Punkt seiner Schwingung, es geht nicht weiter abwärts aber es gibt auch keinen Stillstand, es schwingt weiter nach oben und wieder nach unten und wieder nach oben.

Die Zeit ist menschliches Schicksal. Nur wir denken in ihrem Maß, die Natur nicht, die Steine nicht, die Pflanzen nicht, die Tiere nicht und Gott schon gar nicht. Nur der Mensch.

Der Winter hat noch eine andere Seite, eine die wir Mitteleuropäer des ausgehenden zwanzigsten Jahrhunderts vergessen haben. Erinnern Sie sich an die Lafontaine-Fabel von der Ameise und der Grille? Es ist Sommer. In einer blühenden Wiese zwischen bunten Blumen sitzt die Grille und spielt ihr fröhliches Lied. «Ach wie ist es herrlich, wenn es Sommer ist, wenn es warm ist, wenn es nach tausend Blumen duftet, wenn der Tisch gedeckt ist überall.» Da kommt eine Ameise des Weges, hochbeladen mit Honig und Blütenstaub, den sie gesammelt hat. Sie bleibt stehen, ruht sich einen Moment aus und hört der Grille zu.

«Du hast es gut», sagt die Ameise, «Du brauchst nicht arbeiten wie ich. Kannst fröhlich die schöne Zeit genießen.»

«Hallo», sagt die Grille, «aber das kannst du doch auch haben. Warum schindest du dich an einem Tag wie diesem so ab? Glaub mir, die Arbeit läuft nicht davon. Bleib hier und genieß mit mir, das, was uns der liebe Gott schenkt, den schönen Tag.»

«Du hast gut reden», sagt die Ameise, «ich muß für unsere Brut sorgen und Vorräte für den Winter anlegen.»

«Ach was, Winter», sagte die Grille, «jetzt ist Sommer. Da ist nichts so wichtig wie zu musizieren und zu tanzen. Dumm ist, wer jetzt arbeitet.»

Da nahm die Ameise seufzend ihre Last wieder auf und ging den langen Weg zu ihrem Bau.

Der Sommer verging und der Herbst und der Winter kam mit Schnee und Kälte. Da erschien bei der Ameise die Grille, frierend und hungrig klopfte sie an die Tür.

«He, Ameise, hast du für einen armen Musikanten nichts zu essen?» Da sagte die Ameise: «Ach du bist es, Grille, gelt jetzt ist nichts mehr mit den schönen Tagen, jetzt ist nichts mehr mit Sommer. Jetzt musiziere und tanze, wenn du kannst.»

In einer Zeit, wo man das ganze Jahr über alles kaufen kann, spielt Vorratshaltung für den Winter natürlich keine Rolle mehr. Dabei ist es gar nicht so arg lang her, da konnte nur der über den Winter kommen, der für genügend Vorräte gesorgt hatte. In einem normalen Jahr vor dem Krieg hatte meine Mutter für uns drei (mein Vater lebte damals noch) jeden Herbst 3 Zentner Kartoffeln eingekellert, eine Stande mit einem Zentner Sauerkraut, sechzig Flaschen pürierte Tomaten, 60 Gläser sterilisierte Bohnen, mindestens ebensoviel Pfirsiche, Mirabellen, Zwetschgen, Kirschen, süßsaure Kürbisse, mindestens 60 Gläser Marmelade, in zwei Krügen waren mindestens 100 Eier im Wasserglas.

In einer Sandkiste hatte Mutter einen halben Zentner gelbe Rüben und wenigstens 10 Stangen Meerrettich. Auf mehreren Steigen lagen Äpfel und Birnen und in gut verschlossenen Blechdosen gab es getrocknete Apfelschnitze und Birnen und Zwetschgen. Fast alles Produkte aus unserem Garten oder, wie die Eier, in dem Augenblick eingekauft, wo sie am billigsten waren. Jetzt müßte ich noch von den Töpfen mit ausgelassenem Schmalz und ausgelassener Butter reden, dem Fäßlein mit Most und den Schnapsflaschen, die Mutter im Kleiderschrank aufbewahrte, hinter den Wintermänteln. Da gab es Kirsch und Zwetschg, das war mehr für den Genuß und wenn jemand zu Besuch kam und natürlich für die Linzertorte an Weihnachten und Ostern, der Treber, der war für die eigenen Verdauungsprobleme von Mutter, und der Hefeschnaps, mit dem rieb sich Mutter ein, wenn sie Gliederreißen hatte oder Herzschmerzen, den träufelte Mutter auf einen Wattebausch und stopfte ihn in das Kariesloch des kranken Zahnes, um den Nerv zu betäuben, damit wurden kleine Wunden desinfiziert oder in ganz schweren Fällen von überlastetem Magen wurde er innerlich angewendet.

Diese ganze Vorratshaltung war für unsere Familie wichtig, weil nur so die Mutter mit dem verhältnismäßig wenigen Haushaltsgeld über den teuren Winter kam (mein Vater hatte einen Monatslohn von RM 250, –). Außerdem gab es vor dem Krieg eine Reihe von Produkten im Winter einfach nicht zu kaufen. Zum Beispiel Eier außerhalb der natürlichen Legezeit der Hühner. (Durch die heutigen Hühnerfarmen gibt es immer Eier, und die normale Legezeit der freilaufenden Hühner spielt keine Rolle mehr.)

Bei meinen Onkeln und Tanten in Bollschweil, die einen Bauernhof hatten, kamen natürlich als Wintervorrat noch dazu: die Schinken und die Schäufele, die Bratwürste, die in der Asche der Räucherkammer aufbewahrt wurden, die Speckseiten, die Dosen mit Blut- und Leberwurst und mit Fleisch.

Aber das war ja nur die Vorratshaltung für die Menschen. Ebenso wichtig war und ist bis heute auf dem Bauernhof die Vorratshaltung für die Tiere. Kartoffeln für die Schweine (sie bekamen bei meinen Onkeln und Tanten nie etwas anderes als Kartoffeln und Milch, höchstens Küchenabfälle!), Heu und Rüben für die Kühe und Stroh als Streu für Schweine und Kühe, Mais und Getreide für die Hühner.

Schließlich kam und kommt ein gehöriger Holzvorrat für den Ofen hinzu. Und so ein Bauernkachelofen, der verschlingt schon sein Holz. Für den Backofen braucht es genügend «Wellen», Reisigbündel, die rasch eine große Hitze geben.

Waren im Herbst die Vorräte unter Dach und Fach, war vorgesorgt für die kalte Jahreszeit, dann wurde mit Recht das Erntedankfest gefeiert. Denn die Ernte, als Grundlage der Wintervorräte, hing in erster Linie vom Wetter ab. Und für ein ordentliches Wetter wird in bäuerlichen Gegenden vor allem im Mai und im Juni gebetet und im Herbst gedankt. In früheren Zeiten mag die Ernte und damit der Wintervorrat auch von Krieg, Räubern, Krankheiten und wilden Tieren abhängig gewesen sein. Jedenfalls, wenn die Familie nicht genügend Wintervorrat hatte, war ihr Leben in Gefahr.

Zum Fest Pauli Bekehrung, am 25. Januar, durfte nicht mehr als die Hälfte der Vorräte verbraucht sein.

Andererseits war für den Bauern der Winter eine ruhige Zeit. Manche Bauern haben sich im Winter auch ein Zubrot verdient, z.B. durch die Arbeit im Wald, durch das Schnefeln, das Schnitzen von hölzernen Küchengeräten, das Uhrenmachen und das Schindelmachen für das eigene Haus und für den Verkauf.

Ansonsten war der Winter auch eine Zeit der Feste: Martini, wo die Knechte ausbezahlt wurden, St. Nikolaus, Weihnachten, Neujahr, Lichtmeß, Fasnacht. Dazwischen wurde das Schwein geschlachtet für Weihnachten und dann wieder auf Ostern. Schließlich sei auch dieses noch erwähnt: der Winter, vor allem die Zeit vor Fasnacht, ist eine beliebte Zeit zum Heiraten, obwohl man bei den Schwaben sagt, bei einer Hochzeit im Winter wisse man nicht so recht, ob die Liebe oder die Kälte daran schuld sei.

Zu den Freuden des Herbstes gehört die Jagd bzw. das Ergebnis der Jagd, das Fleisch der Wildtiere.

Es gibt noch einen Trost. Das Sommerhalbjahr, also Frühling und Sommer, sind bei uns 7 ¾ Tage länger als das Winterhalbjahr, also Herbst und Winter. Wenn das nichts ist!

Wild

Genau genommen war Fritz, der Urmensch, der Erfinder der Faulheit. Nicht, daß er nichts tat, weiß Gott nicht. Aber anstatt auf die Jagd zu gehen wie die anderen Urmänner und Rehe, Hirsche und Wildschweine zu erlegen, trieb er sich im Wald herum, beobachtete Molche beim Liebesspiel, hörte den Vögeln zu bei ihrem Singen, roch an Geißblatt und wildem Jasmin, saß tagelang unter einer Tanne, blickte in den Himmel, und wenn ihn Emma, seine Urfrau, vorwurfsvoll störte, sagte er, er müsse nachdenken, um das Dasein zu begreifen.

Kein Mensch wußte, was das sein sollte. Emma schon gar nicht. Von Zeit zu Zeit dichtete er Lieder, die er dann seinen Spezi vorsang, wenn sie am Abend in der Männerhöhle am Feuer saßen und verdorbenen Beerensaft tranken, den sie Wein nannten.

Die Frau vom Fritz schimpfte und jammerte wechselweise, weil der Fritz abends nicht heimkam, morgens nicht aufstand und weder mit guten noch mit bösen Worten dazu zu gewinnen war, zur Jagd zu gehen. Und wenn sie ihn schließlich dazu gebracht hatte, dann war es meist so spät am Vormittag, daß das Wild, das bekanntlich zu den Frühaufstehern gehört, längst verschwunden war. Emma mußte ihre Tage damit verbringen, Wurzeln und Kräuter zu sammeln, Schlangen und Eidechsen, Igel und Rebhühner zu erlegen, damit überhaupt etwas auf den Tisch kam und die Urkinder nicht hungern mußten. Dabei hatte sie doch, wie sie sagte, wahrhaft genug zu tun:

Da war Tag für Tag die Unordnung aufzuräumen, die Fritz in der Höhle anrichtete. Da waren die Kinder zu erziehen. Da waren aus Fellen Kleider zu nähen, Kleider waren zu waschen und zu flicken. Jeden Morgen war es das gleiche Theater, bis Fritz sich aus den Bärenfellen erhob. Bis Fritz sich entschloß auf die Jagd zu gehen, brauchte es ein wochenlanges Jammern von Emma und das Quengeln der Kinder, denen die Brennesselsuppe und die wilden Gelberüben nicht schmeckten. Dann nahm er seufzend seine Keule, schimpfte über das harte Schicksal steinzeitlicher Männer und ging in die Steppe, um ein Tier zu erlegen. Möglichst groß sollte es sein, damit er wieder ein paar Wochen Ruhe hatte, um sich den wirklich wichtigen Dingen des Lebens zu widmen, dem Nachdenken, dem Beobachten, dem Dichten.

Nur, das mit dem großen Tier hatte auch Nachteile. Wenn er so einem großen Auerochsen gegenüber stand und dem mit der Keule auf den Kopf haute, dann konnte es sein, daß der keinesfalls tot umfiel, sondern die Keule einfach nicht beachtete. Dann aber seinerseits Jagd auf den Fritz machte, der um sein Leben laufen mußte und Schutz suchte in der heimatlichen Höhle bei Emma, was sein Ansehen als Jäger keinesfalls erhöhte.

Eines Tages, Fritz saß wieder einmal auf seinem Lieblingsplatz am Rand eines stillen Waldsees, beobachtete Enten und deren Art, sich im Wasser fortzubewegen, da kam ihm die Idee, das Jagdproblem ein- für allemal oder wenigstens für eine längere Zeit zu lösen. In den nachfolgenden Tagen saß er öfter noch als sonst mit seinen Freunden zusammen, was Emma gar nicht gefiel.

Und dann fingen die Männer an, zwischen den Wohnhöhlen der verschiedenen Familien eine große Wiese mit etwas zu umgeben, was niemand je gesehen hatte und was Fritz Zaun nannte.

Kurze Stangen wurden so in den Boden gesteckt, daß sie sich oben kreuzten. Dann wurde in das Kreuz eine lange Stange gelegt, wieder kurze Stangen, wieder eine lange Stange. Jedenfalls sah es am Schluß so aus wie heute noch die Zäune auf den Weiden des Hochschwarzwaldes, ohne Draht, ohne Nagel, nur aus Holz, aber haltbar, zweckmäßig und schön. Natürlich schimpften Emma und die anderen Frauen über das nutzlose Zeug, das ihre Männer wieder machten, anstatt auf die Jagd zu gehen oder sie zu verwöhnen, wie das ordentliche Männer machen.

Dann kam der Tag, an dem alle Männer, bewaffnet mit ihren Keulen, in die Steppe zogen. Und dann trieben sie die Auerochsen vor sich her, anstatt sie einfach zu töten. Die Auerorchsen trotteten auf die Wiese, die die Männer mit dem Zaun umgeben hatten. Als die Auerochsen alle drin waren, schloß Fritz mit Stangen den Eingang. «So», sagte er zu Emma, «jetzt hab ich Ruh und du brauchst nicht mehr zu jammern. Denn wenn du Fleisch brauchst, wenn unsere Tiefkühlhöhle im Eiszeitgletscher leer ist, dann gehe ich einfach mit der Keule in den Zaun und bring eines dieser Tiere um.»

Das gefiel Emma und den übrigen Frauen sehr und Emma war zum ersten Mal stolz auf ihren Fritz und den von ihm erfundenen kulturellen Fortschritt.

Und dann ereignete sich noch etwas. Die Auerkühe, die in dem Zaun waren, bekamen Kälber, so brauchte man gar keine neuen Auerochsen zu fangen, denn sie hielten ihre Zahl selber konstant. Und die Auerkälber schmeckten überdies noch viel feiner als die zähen Ochsen. (Daß einige Jahrhunderte später Emma das Melken erfand und die Verarbeitung der Milch zu Butter und Käse, das ist noch eine andere Geschichte.)

Jedenfalls aus Fritz, dem Jäger, war ein Viehzüchter geworden. Er ging zwar auch noch von Zeit zu Zeit auf die Jagd, weil er an einem Feiertag wieder einmal Wildschwein essen wollte ... und weil er die Abende liebte, an denen er mit seinen Freunden nach der Jagd zusammensaß und erzählte, wie riesig der Bär war, wie der ihn angriff und wie er mit Todesmut und den nackten Händen ihn einfach erwürgte. Aber lebensnotwendig für Fritz und die seinen war von da an die Jagd nicht mehr.

* * * * *

Da wird er aufgetragen, der Rehrücken, umgeben von halben ausgehöhlten Birnen, die mit Preiselbeeren gefüllt sind, von glasierten Maronen, Pfifferlingen, Rosenkohl oder Rotkraut, Spätzle gibt es dazu oder Kartoffelkroketten, ein Fest fürs Auge, für die Nase, für den Gaumen. Höhepunkt der winterlichen Küche, ein Festtagsessen.

Die Urgroßeltern der meisten von uns konnten sich so etwas noch nicht leisten: Unerschwinglich für ihre Verhältnisse! Heutzutage ist der Rehrücken jederzeit verfügbar, weil moderne Tiefkühltechnik keine Jahreszeit mehr kennt und kurze Transportwege Rehrücken von anderswo, z. B. von der südlichen Halbkugel, wo Herbst ist, wenn bei uns im Februar die Jagdsaison endet, importierbar machen und schließlich, weil zunehmend Wild in Gattern gehalten wird und jederzeit geschlachtet werden kann. (Wie einst beim Fritz!!!)

Seien wir ehrlich, das ist ja nicht nur der Rehrücken, was das Besondere dieses winterlichen Genusses ausmacht, es sind auch die herbstlichen und winterlichen Beilagen: die Kastanien, die Birnen, die Pilze, der Rosenkohl, die dazugehören, und wenigstens mir geht es so, ich mag im Oktober keine Rindfleischsülze mit Bratkartoffeln, jenes leichte Sommergericht, das so gut schmeckt an einem heißen Sommerabend, und ich mag im Juli keinen Rehrücken Baden-Baden mit Kastanien und Rosenkohl, was für mich Inbegriff ist von weihnachtlicher Wonne.

In einem Buch über das Wild habe ich die Bemerkung gelesen, man gehe davon aus, daß der Mensch seit 2 Millionen Jahren auf der Erde lebt. Man übertrage diese Zeit auf die 24 Stunden eines Tages, dann habe der Mensch erst in den letzten 6 Minuten ohne das Wild als wesentlichem Bestandteil seiner Ernährung gelebt. Natürlich habe ich das nachgerechnet, 24 Stunden, das sind 1440 Minuten. Teile ich 2 000 000 Jahre durch 1 440 Minuten, dann entfallen auf jede Minute rund 1 400 Jahre. Sechs Minuten, das wären also 9 000 Jahre. Und das entspricht in der Tat der Zeit, die nach der steinzeitlichen Revolution verflossen ist, also dem Zeitpunkt als der Mensch aufhören konnte, sich von der Jagd zu ernähren, weil er gelernt hatte, Pflanzen anzubauen und Tiere zu zähmen und zu züchten. Davor aber brauchte er die Jagd als Grundlage des Lebens. Natürlich hat er sich auch von Pflanzen ernährt, von Früchten, von Wurzeln, die er sammelte. Aber die Grundlage seines Daseins war das Fleisch der wilden Tiere. Und natürlich hat er alle Tiere gegessen, die er jagen konnte. Das Mammut, den wilden Elefanten der Eiszeit, genauso wie das Wildpferd, den Bären genauso wie Reh und Hirsch. Rein vegetarische Ernährung kann sich der Mensch nur in unserer Spätzeit leisten, wo es alles in Hülle und Fülle gibt.

Wie wichtig für unsere frühen Vorfahren das Wild war, zeigen die Bilder in den Höhlen Südfrankreichs und Spaniens, wo vor zehntausenden von Jahren Menschen die jagdbaren Tiere abgebildet haben. Früheste uns bekannte Kunst. Doch ob diese Bilder der reinen Freude am Gestalten entsprangen oder notwendige Requisiten für den Jagdzauber waren (wer das Bild hat, hat das Abgebildete), weiß man bis heute nicht. Haben die Menschen jener Zeit geglaubt, wenn sie mit ihrem Speer das gemalte Wildpferd treffen, treffen sie auch in der Wirklichkeit das Tier?
Man kann es nur vermuten. Sicher ist, es war etwas anderes, mit dem Holzspeer und seiner steinernen Spitze einem wilden Tier, einem Bison etwa, gegenüber zu treten und es zu erlegen als mit einem weittragenden modernen Gewehr. Wieviel Mut gehörte dazu, z.B. ein Wildschwein anzugehen oder einen Bär, selbst als Bogen und Pfeil erfunden waren.
Zu den Vorstellungen jener frühen Zeit gehörte auch, daß die Kraft eines erlegten starken Tieres auf den Jäger übergeht. Irgendwo lebt diese Vorstellung bis heute weiter, wenn die Jäger immer noch das Recht beanspruchen, das Herz und die Innereien ihrer Jagdbeute zu behalten. Sitzt nicht nach alter Vorstellung die Lebenskraft von Mensch und Tier im Herz und in der Leber?
In jener frühen Zeit wurde die Natur noch als Einheit erlebt. Tier und Pflanze waren beseelt, und bis heute nehmen manche Naturvölker an, daß die menschliche Seele nach dem Tod als Tier, z.B. als Reh, weiterlebt. Darum ist es auch notwendig, bei dem Tier, das man tötet, sich zu entschuldigen. Das Gefühl der Einheit führte bei manchen frühen Völkern dazu, daß Gruppen von Menschen sich einem bestimmten Tier in besonderer Weise verbunden fühlten. Dieses Totemtier durfte nicht getö-

tet werden oder wenn, dann nur, um in der Art eines Gottesdienstes das Tier zu essen, damit seine Kraft und seine Geschicklichkeit auf einen überging.

Vielleicht liegt in dieser besonderen Art der Kraftübertragung auch der Grund, warum sich früh die Vornehmen das Recht zur Jagd reservierten.

Seit Beginn des Mittelalters ist in Europa die Jagd ein Privileg des Adels. Der einfache Mann mußte hinnehmen, daß ihm das Wild die Ernte abfraß und die Herren bei der Jagd rücksichtslos durch die Felder ritten. Und wehe ihm, wenn er auch nur das Wild vertrieb. Er wurde hart bestraft.

Politische Freiheit und Gleichheit wurden immer mit dem Recht auf freie Jagd gleichgesetzt.

Vom Standpunkt der Ernährungswissenschaft aus betrachtet, spricht einiges für den Genuß von Wildfleisch:

Es hat weniger Fett, es ist feinfaseriger und fester als anderes Fleisch, es ist gut bekömmlich und leicht verdaulich. Es hat einen wesentlich geringeren Brennwert: Rehrücken 93 kcal, Hirschfleisch 95 kcal, Hase 99 kcal, jeweils pro 100 g Fleisch. (Zum Vergleich: mageres Rindfleisch 173 kcal, mageres Schweinefleisch 143 kcal pro 100 g.) Wildfleisch enthält viele Mineralstoffe, besonders Phosphor, Kalzium, Eisen, hoch ist der Gehalt an Vitaminen der B-Gruppe, allerdings hat dieses Fleisch auch einen verhältnismäßig hohen Anteil an gesättigten Fettsäuren, der Cholesteringehalt entspricht etwa dem von Rind- und Schweinefleisch.

Was die Umweltbelastung betrifft, so ist sie bei Wild nicht höher als bei frei weidenden Haustieren. Besonders belastet sind allerdings die Innereien, die jedoch meistens vom Jäger beansprucht werden. Aber auch Jäger verzichten zunehmend auf deren Genuß wegen der Belastung z. B. der Leber mit Schwermetallen, Cadmium vor allem, und dem Befall durch Parasiten wie dem Lungenwurm und dem Leberegel. Andererseits sind die Innereien wichtige Bestandteile der Wildpasteten.

Selbstverständlich werden nur einwandfreie Stücke verarbeitet. Hier gilt wieder einmal die Regel, daß man zum Lieferanten Vertrauen haben muß.

Die Belastung durch Radioaktivität, die einige Jahre eine Rolle spielte, ist inzwischen abgeklungen, und dort wo Wildfleisch aus immer noch belasteten Gebieten Nord- und Osteuropas eingeführt wird, wird die Radioaktivität bei der Einfuhr streng überwacht.

Grundsätzlich also spricht viel für den Genuß von Wildfleisch. Allerdings sind auch einige Vorsichtsmaßregeln zu beachten. Da ist zunächst einmal die Quelle, von der man das Fleisch bezieht. Man kann es im Spezialgeschäft kaufen oder unmittelbar vom Jäger. Im Fachgeschäft hat man in der Regel die Gewähr, daß es sich um einwandfreie Ware handelt. Fleisch von Tieren aus Gatterhaltung wird ebenso vom Tierarzt untersucht wie Importware und das von Jägern angelieferte Wild. Das Fleisch von Wildschweinen muß grundsätzlich auf Trichinen untersucht worden sein. Auch besitzen die Fachgeschäfte genügend Erfahrung, um bei Ankauf von frei angebotenem Wild kranke Stücke zu erkennen.

Anders ist es, wenn man das Wildfleisch als Laie von einem Jäger kauft. Hier kommt es wesentlich auf das Vertrauen an, das man haben kann oder nicht. Man muß allerdings davon ausgehen, daß die Jäger im allgemeinen keine tiermedizinischen Kenntnisse haben, was wichtig wäre zum Erkennen von Krankheiten.

Die Schwierigkeit beim Wild liegt eben darin, daß es nicht wie das Haustier unter den einwandfreien hygienischen Verhältnissen eines Schlachthofes getötet und ausgenommen wird. Es wird draußen im Wald zum Teil in schwer zugänglichem Gelände erlegt; wenn es nicht sofort tot ist, flüchtet es und muß unter Umständen stundenlang gesucht werden, dann muß es vom Jäger an Ort und Stelle ausgenommen werden unter schwierigen Umständen, wo an Sauberkeit und Hygiene auch nicht zu denken ist. Wird das Wild nicht sehr schnell nach dem Tod ausgenommen, dann treten Darmbakterien in die Blutbahn über. Kurz, es bestehen viele Infektionsmöglichkeiten für das Fleisch. Darum ist es notwendig, Wildfleisch unter allen Umständen bei der Zubereitung keimfrei zu machen.

Man sollte also grundsätzlich nur durchgebratenes Wildfleisch essen. Durchgebraten bedeutet, daß z. B. ein Stück Wildfleisch im Innern mindestens 10 Minuten eine Temperatur von 80 Grad erreicht hat. Das kann man z. B. mit einem Bratthermometer feststellen. Auf keinen Fall darf das Fleisch noch blutig sein. Roh zubereitetes Wildfleisch, z. B. in Form von Carpaccio, meide ich persönlich, so schwer es auch fällt.

Das Fatale an Krankheiten, die durch den Genuß von infiziertem Wildfleisch auftreten können, besteht darin, daß sie erst 8 bis 14 Tage nach dem Genuß ausbrechen und dann nicht mehr mit dem Wild in Verbindung gebracht werden.

Ein Handbuch der Wildzubereitung nennt als Beispiel eine 2 kg schwere Rehkeule, die bei 180 Grad im Ofen gebraten wurde. Sie erreichte erst nach 105 Minuten Bratzeit eine Kerntemperatur von 80 Grad. Daraus kann man in etwa folgende Bratzeiten ableiten:

Keulen und Halsstücke	70 bis 120 Minuten
Rückenstücke als Filet	25 bis 35 Minuten
als Medaillon	15 Minuten
als ganzer Rücken mit Knochen	60 bis 90 Minuten
Schulterstücke	70 bis 90 Minuten
gekochtes Wildfleisch	80 bis 120 Minuten.

Diese Zeiten beziehen sich auf Elektroherde und 200 Grad Celsius. Beim Gasherd sind sie kürzer, beim Kohleherd länger.

Die Unterschiede rühren vor allem daher, daß man selten weiß, ob man das Fleisch von einem jungen oder alten Tier hat, auch ob das Fleisch eine gute Fleischreifung durchlaufen hat.

Bei einem getöteten Tier setzt nach einer gewissen Zeit von Stunden, z. B. beim Rind nach 10 bis 24 Stunden, die sogenannte Totenstarre ein. Das Fleisch wird hart. Nach zwei bis drei Tagen löst sich diese Starre, in den Muskeln beginnt Milchsäure den Zellverband aufzulockern. Diesen Vorgang nennt man Reifung. Beim Rind ist z. B. eine vierzehntägige Reifung im Kühlhaus unerläßlich. Schweinefleisch braucht bedeutend weniger, auch Kalbfleisch. Beim Wild sind einige Tage erforderlich. In früheren Zeiten erfolgte dieses «Abhängen» von Wildfleisch, vor allem durch den Mangel an geeigneten Kühlräumen, unter Umständen so lang, daß Zersetzung eintrat. Der dabei entstehende Geschmack (Hautgoût) wurde sogar von manchen geschätzt. Er machte allerdings etwas erforderlich, was die moderne Küche nicht mehr braucht: das Beizen, das tagelange Einlegen des Wildfleisches in eine Marinade. Mit anderen Worten, in der modernen Küche kann man, wenn man die genannten Vorsichtsmaßnahmen des Durchgarens berücksichtigt, Wildfleisch grundsätzlich ebenso zubereiten wie jedes andere Fleisch, vorausgesetzt, man wünscht nicht den besonderen Geschmack des gebeizten Fleisches, z.B. beim Rehpfeffer. Auch das Spicken mit Speck ist überflüssig, wenn man nicht den rauchigen Geschmack des Speckes will. Er verfälscht allerdings den Eigengeschmack des Wildfleisches.

Ratsam ist, bei der Zubereitung genügend Flüssigkeit zuzusetzen, damit der Saft im Fleisch erhalten bleibt.

Frisches Wildfleisch sollte man nicht länger als ein bis zwei Tage im Kühlschrank aufbewahren. Tiefgefroren ist Reh und Hirsch wenigstens zwölf Monate, Wildschwein sechs Monate, Kaninchen und Hase sechs bis neun Monate haltbar.

Grundsätzlich unterscheidet man Haarwild und Federwild.

Zum Haarwild gehören: Hirsch, Reh, Steinbock, Gemse, Wildschwein, Hase, Kaninchen.

Zum Federwild: Rebhuhn, Ringeltaube, Wildente, Fasan, Wildgans.

Hirsch: Hauptjagdzeit August bis Januar, Februar bis Mai. Hirsche liefern ein kerniges, rotbraunes, fettarmes Fleisch. Tiere bis 35 kg sind Hirschkälber. Ihr Fleisch ist wie Kalbfleisch. Schmaltiere, etwa einjährig, mit einem Gewicht zwischen 35 und 45 kg, haben ein Fleisch, das dem des Rindfleisches entspricht. Tiere mit höherem Gewicht haben ein Fleisch, das die Qualität von Ochsen- oder Kuhfleisch hat. Das Fleisch älterer Tiere muß vor allem gut abgehangen werden. Es läßt sich zum Schmoren und vor allem für Pfeffer verwenden.

Reh: Rehe suchen ihre Nahrung sorgsam aus:
Im Frühjahr und Sommer, wenn der Tisch reich gedeckt ist, äst das Reh Blätter und Kräuter; im Herbst Eicheln und Bucheckern, im Winter Knospen, weiche Zweige, die Blätter von Himbeeren und Brombeeren. Diese unterschiedliche Nahrung drückt sich auch im Geschmack des Wildbret aus. Kenner sind in der Lage zu unterscheiden, wann ein Reh geschossen wurde.
Das beste Fleisch kommt von jungen Tieren, das Fleisch der über Dreijährigen ist grobfaseriger und schwerer verdaulich. Dafür enthält es nicht so viel Purin (was für den Menschen, der an Gicht leidet, interessant ist). Böcke wiegen zwischen 15 und 30 kg, Ricken 13 bis 22 kg, Kitze 8 bis 14 kg.
Hauptjagdzeit Mai bis Januar. Das Reh liefert ein rotbraunes, zartfaseriges Fleisch.
Der Rücken wird gebraten, die Keule eignet sich für Braten oder Schnitzel. Stücke, die sich für Pfeffer eignen, werden in einer Rotweinbeize 6 bis 8 Tage eingelegt.

Steinbock: Die Böcke können 75 bis 100 kg, die Ziegen bis 60 kg, die Lämmer 10 bis 15 kg schwer werden. Das Fleisch ist kräftig und würzig. Allerdings kann es auch sehr fett sein.
Die Hauptjagdzeit ist von September bis November (in der Schweiz nur 14 Tage im September).
Das Fleisch des Steinwildes wird nur dort gegessen, wo es Steinböcke gibt.

Gemsen: Böcke werden 35 bis 50 kg schwer, Geißen 30 bis 40 kg, Kitze 12 bis 18 kg.
Die Hauptjagdzeit ist August bis Dezember.

Das Fleisch ist dunkel, sehr aromatisch und zum Teil sehr fett. Das Fleisch von älteren Gemsen ist zäh und hat einen eigentümlichen Beigeschmack. Junge Gemsen sind an ihren schlanken Beinen zu erkennen.

Die älteren Tiere haben einen starken Haarwuchs.

Bei den Jungtieren werden Schlegel und Rücken gebraten und zu Schnitzel verarbeitet. Die Schlegel können mariniert und geschmort werden. Meistens wird die ganze Gams zu Pfeffer verarbeitet.

Wildschwein: Keiler können 50 bis 350 kg schwer werden. Bachen 40 bis 200 kg, Frischlinge 10 bis 80 kg.

Die Hauptjagdzeit ist für Frischlinge und junge Tiere zum Teil ganzjährig bzw. von Juni bis Januar. Das Wildbret des Wildschweines besitzt verglichen mit Reh und Hirsch einen höheren Anteil an Fettzellen. Das macht es besonders saftig. Es ist jedoch magerer und fester als das Fleisch von Hausschweinen. Wird das Wildschwein während der sogenannten Rauschzeit (Paarungszeit, im allgemeinen im November, Dezember) erlegt, haftet dem Fleisch ein eigenartiger, penetranter Geruch und Geschmack an, der auf keine Weise entfernt werden kann. Das Fleisch ist ungenießbar. Man sollte daher mit Wildschweinfleisch eine Kochprobe machen: man schneidet ein kleines Stück ab, kocht es entweder oder brät es in der Pfanne. Riecht es dann nach Urin, sollte man das Fleisch zurückbringen.

Im übrigen werden insbesondere Rücken und Keule von Kennern sehr geschätzt. Sie werden auf die gleiche Weise zubereitet wie bei Reh und Hirsch. Auch aus Wildschweinfleisch läßt sich Pfeffer zubereiten.

Feldhase: Das Fell des Hasen ist rotbraun, der Schwanz (Blume) ist oben schwarz und unten weiß, die Ohren (Löffel) haben schwarze Spitzen. An diesen Merkmalen ist der Hase vom Kaninchen zu unterscheiden. Er kann ein Gewicht von 3 bis 5 kg erreichen und hat ein wohlschmeckendes rotbraunes Fleisch.

Die Hauptjagdzeit ist im Herbst.

Am besten schmecken junge Hasen, die noch nicht 8 Monate alt sind. Sie haben am Handwurzelgelenk des Vorderlaufs ein seitlich ertastbares Knötchen, das sogenannte Jugendknötchen. Außerdem ist ihr Fleisch ziemlich hell, graurot, das der alten Tiere dunkelrot. Frisch geschossene Hasen haben klare Augen, die sich nach zwei Tagen trüben und nach acht Tagen austrocknen. Beliebte Stücke sind Rücken und Schlegel.

Hals, Brust und Vorderläufe werden meist mit Gemüse in Rotwein mariniert und als Pfeffer zubereitet.

Wild-kaninchen sind kleiner als Hasen und haben ein blaugraues Fell. Sie wiegen zwischen 1,5 und 2 kg. Sie werden z.T. ganzjährig gejagt. Ansonsten im Herbst und frühen Winter. Wildkaninchen haben ein helles, zartes Fleisch, das sehr wohlschmeckend ist. Es wird wie Feldhase zubereitet. Manche Feinschmecker ziehen das Kaninchen dem Feldhasen vor.

Ein Hase ergibt vier Portionen, ein Kaninchen zwei.

Gewürze für Wild:

An Gewürzen sind besonders beliebt: Wacholderbeeren, Thymian, Rosmarin, Salbei, Piment, Liebstöckel, Kerbel, Estragon, Herbes de Provence. Die klassische Küche verwendet auch einen Hauch von Knoblauch, vor allem bei großen Braten. Knoblauch sollte allerdings nicht vorschmecken, sondern das Gesamtaroma abrunden.

Preiselbeeren, Trauben, Orangen und Äpfel gleichen mit ihrer Säure den Wildgeschmack aus. Desgleichen Johannisbeeren oder Johannisbeergelee. Schließlich können auch Pilze, Wein und manche Schnäpse bei der Zubereitung verwendet werden. Wird das Fleisch gespickt, sollte man den Speck vor dem Spicken in einer Gewürzmischung wälzen.

Nach meiner Erfahrung verlangt die Soße die ganze Liebe des Koches. Er muß genügend Zeit aufwenden und Phantasie. Grundlage einer guten Soße sind die Knochen. Sie werden unabhängig vom Fleisch angebraten, mit Rotwein abgelöscht, ausgekocht und reduziert. Die Soße erhält zum Schluß eine Abrundung durch karamelisierten Zucker, einen Schuß Cognac (vom Besten!!!), ein wenig Schokoladenpulver, süße oder saure Sahne.

Hirschragout

800 g	Hirschragout
2 EL	eingesottene Butter (Butterfett)
	Salz, Pfeffer
2 EL	Mehl
½ l	trockener Rotwein
100 ml	Rotweinessig
3 EL	Johannisbeergelee
½	Zimtstengel
1	Nelke
200 g	entstielte Traubenbeeren (weiß oder rot)
2 EL	Pinienkerne oder Stifte von geschälten Mandeln

Das Fleisch in der erhitzten Butter anbraten, salzen, pfeffern, mit dem Mehl bestäuben. Wein, Essig, Johannisbeergelee, Zimt und Nelke beigeben. 1 ½ Std. auf kleiner Flamme schmoren. Die Trauben und die Nüsse kurz vor dem Anrichten beigeben, einige Min. mitkochen.

Wilderer-Nudeln

    10 g gedörrte Steinpilze
    2 EL frische Butter
    500 g Rosenkohl, gewaschen, geputzt
    200 ml Fleischbrühe
    250 g breite Bandnudeln
    1 EL Salz
    2 EL eingesottene Butter (Butterfett)
    1 Zwiebel
    500 g geschnetzeltes Wildfleisch (Hirsch
        oder Reh)
    200 ml Sauerrahm (saure Sahne)
        Salz, Pfeffer

Die Pilze in lauwarmem Wasser einweichen. Die Butter schmelzen, den Rosenkohl beigeben, einige Minuten dünsten, mit der Fleischbrühe ablöschen, zugedeckt auf kleinem Feuer weichdämpfen (20 Min.). Unterdessen die Teigwaren in viel kochendes Salzwasser geben. Weich kochen (12 Min.), das Wasser abschütten.

Die zweite Butterportion erhitzen, die Zwiebel darin anschwitzen, das Fleisch beigeben, anbraten. Die Pilze abgetropft beigeben, den Sauerrahm beifügen. Alles 15 Min. dämpfen, salzen, pfeffern, mit den Teigwaren vermengen. Den Rosenkohl im Kranz darumlegen.

Bandnudeln

Nudelteig siehe Rezept Lasagne, Kapitel «Festtagsrezepte»

27

Hasenschlegel und/oder -Rücken

4 Hasenschlegel oder 2 Schlegel und
  1 Rücken
1 l Milch
  Salz
  Pfeffer
1 Zwiebel, geschält, besteckt mit
1 Lorbeerblatt
1 Nelke
2 Karotten, gewaschen, geschält, der
  Länge nach halbiert
1 Lauchstengel, gewaschen, der Länge
  nach halbiert
1 Schnitz Sellerieknolle, gewaschen,
  geschält

2 EL eingesottene Butter (Butterfett)
100 ml Fleischbrühe (1)
200 ml Rahm (süße Sahne)
100 ml herben Rotwein
  50 g Rosinen
100 ml Sauerrahm (saure Sahne)
300 ml Fleischbrühe (2)
  1 KL Maizena (Mondamin)

Das Fleisch 3 – 4 Tage in Milch einlegen. Herausnehmen, trockentupfen, die weißliche Haut abziehen. Mit dem Bratengemüse in einen Bräter legen, den man leicht eingeölt hat.
Die Butter heiß machen, über das Fleisch träufeln. Die Fleischbrühe beigeben. In den auf

180° C vorgeheizten Backofen schieben. Alle 10 Min. begießen. Ist das Fleisch gebräunt, mit dem Wein und der Hälfte des Rahms ablöschen. Weiterbraten, bis das Fleisch gar ist (totale Bratzeit ca. 40 Min.). Das Fleisch beiseite legen und warm stellen.

Der Sauce den restlichen Rahm, die Fleischbrühe und die Rosinen beigeben. Einkochen lassen, bis sie schön braun ist. Abseihen. Das Maizena mit etwas Wasser anrühren, zur Sauce geben.

Die Sauce aufkochen, den Sauerrahm beigeben, evtl. nachwürzen, über den Braten schütten.

Wildschweinbraten im «kalten» Ofen

1	Wildschweinhals
1 ½ l	Milch
	Salz, Pfeffer
3 EL	eingesottene Butter (Butterfett), zimmerwarm
10 g	getrocknete Steinpilze oder Herbsttrompeten, 15 Min. eingeweicht
1	Knoblauchzehe, geschält, in Stifte geschnitten
2	Tannenzweige
	Pergamentpapier (oder Backpapier) oder Alufolie
200 ml	Sauerrahm
4	säuerliche Äpfel
½	Tasse Preiselbeerkonfitüre

Das Fleisch wird 3 – 4 Tage in Milch gelegt, herausgenommen, trockengetupft, mit Salz und Pfeffer eingerieben.

Man legt das Pergamentpapier auf den Tisch, bestreicht es mit der Butter.

Das Fleisch wird mit dem Knoblauch und den Pilzen gespickt. Man legt oben und unten je einen Tannenzweig dazu und packt das Fleisch in das bebutterte Papier, und zwar so, daß kein Saft auslaufen kann. Das Fleischpaket wird in eine Auflaufform gelegt und in den kalten Backofen geschoben. Man schaltet diesen auf 150° C ein und läßt das Fleisch je nach Größe 4 – 5 Std. darin garen. Dann wird es tranchiert, auf eine vorgewärmte Platte gelegt und warmgestellt. Den Fleischfond vermengt man mit dem Rahm, würzt eventuell noch mit Salz und Pfeffer nach. Nochmals erhitzen. Nicht mehr kochen.

Dazu serviert man mitsamt der Schale gedämpfte Apfelhälften, auf die man je einen KL gewärmte Preiselbeerkonfitüre gibt.

Wildklößchen

200 g *Wildfleisch (Abschnitte ohne Haut und Sehnen) gehackt*
1 EL *frische Butter (1)*
1 *Bund Petersilie, gewaschen, fein gehackt*
1 *Ei*
1 EL *Cognac*
2 EL *Mehl*
  Salz, Pfeffer
2 EL *frische Butter (2)*

Die Butter (1) schmelzen, die Petersilie darin einige Min. dämpfen, auskühlen lassen. Das Wildfleisch, das Ei, den Cognac, das Mehl, Salz und Pfeffer dazu geben, alles gut mischen. Suppenlöffelgroße Klößchen formen. In der Butter (2) zart braten. Salzkartoffeln, Gemüsegarnitur und Cumberlandsoße dazu servieren.

Cumberlandsauce

2 *Orangen*
1 *Zitrone (nur die Schale)*
1 *Msp. milder Senf*
  Pfeffer
5 EL *Sherry*
1 *Tasse Johannisbeergelee oder Preiselbeerkonfitüre*

Die Schalen der Orangen und der Zitrone ganz dünn abschälen, in möglichst feine Streifchen schneiden. Mit Wasser knapp bedeckt weichkochen. Das Wasser abschütten. Den Saft der Orangen, Senf, Pfeffer, Sherry und das Gelee oder die Preiselbeerkonfitüre miteinander vermengen, die Schalenstreifchen zuletzt beigeben.

Kastanie

Jahrelang habe ich zwei Kastanienigel auf meinem Schreibtisch liegen gehabt. Irgendwer hat mir einmal mit ihrer Hilfe das Wesen der Liebe erklärt, vielleicht war es eine kluge Frau, ich weiß es nicht mehr.

«Wenn zwei Stacheltiere frieren», so hat sie gesagt, «dann rücken sie ganz nahe zusammen, um sich zu wärmen. Aber dann stechen sie sich. Also rücken sie auseinander.

Dann frieren sie wieder. Und rücken wieder zusammen, bis sie sich stechen. Das geht solange, bis sie eine ideale Entfernung gefunden haben, bei der sie sich zwar warm geben, aber noch nicht stechen. Siehst du, so ist es mit der Liebe. Auch da muß man diesen idealen Abstand finden, bei dem die Liebe den anderen und seine Freiheit noch nicht einschränkt.»

An irgendeinem Sonntag im Herbst hat mir Mutter einen Beutel gegeben, und dann mußte ich mit meinem Vater Kastanien suchen gehen auf dem Lorettoberg.

Oben, rund um die merkwürdige Kapelle herum, standen und stehen wohl noch alte knorrige Kastanienbäume. Ich hab nur die Kastanien aufgelesen, die am Boden lagen. Meine cleveren Klassenkameraden haben die Kastanien «gebengelt», d. h. sie warfen Holz«bengel» in die Äste und bekamen so halt viel mehr als ich und mein Vater. Aber für ein oder zwei Sonntagsessen Rotkraut mit glasierten Kastanien hat's gereicht. Schweinebraten gab's dazu.

Und außerdem hat meine Mutter die etwas mühselige Arbeit des Häutens nicht gemocht. Also war sie mit unserer mageren Ausbeute gar nicht so unzufrieden.

Jahre später kam ich zum ersten Mal ins Tessin. Mit meiner Frau auf der Hochzeitsreise. Es war Ende September, wenn es im Tessin am schönsten ist.

Der See ist noch warm, man kann noch schwimmen. Der Waschküchendunst, der den Aufenthalt am See im Juli und August so unerträglich macht, ist mit den Touristen verschwunden. Die Luft ist klar und das ganze schöne Land liegt einem zu Füßen, wenn man auch nur ein paar hundert Meter in die Höhe steigt.

Im Wald gibt es Pilze und Kastanien.

In unserer Wohnung, wir wohnten in einer Familienherberge direkt am See für 6 Franken 20 pro Tag, lag eine Broschüre übers Tessin aus. Und da fand ich den Hinweis, man möge doch die Kastanien im Wald liegen lassen, weil die Tessiner sie für den Winter sammeln und ohne sie hungern müßten.

Also habe ich meiner Frau jedes Sammeln verwehrt, was ihr aus ähnlichen Gründen wie meiner Mutter gar nicht so unrecht war. Seitdem war ich oft im Tessin. Aber nie, gar nie habe ich einen Tessiner Kastanien sammeln sehen. Essen allerdings schon.

Wenn es Abend wird im Oktober und drüben über den Bergen des Onsernonetals das letzte Licht des Tages verlischt, macht mein Freund Willi den Kamin in seiner Wohnstube an. Und ehe es ganz Nacht ist, flackern die Flammen, geben dem Raum ein lebendiges tanzendes Licht.

Die Kastanienbäume haben nicht immer eine Stachelhaut für ihre Früchte gehabt. Sie hingen am Anfang am Baum wie Äpfel und Birnen. Die Siebenschläfer aßen sie Jahr für Jahr am Baum auf. Da sagten die Kastanienbäume zueinander «So kann es nicht weitergehen. Wir lassen Kastanien wachsen und kein Mensch kann süße Vermicelles daraus bereiten, geschweige denn glasierte Kastanien zum Rotkraut essen».

Da ließen die Kastanienbäume um ihre Früchte eine Stachelhaut wachsen, die erst aufplatzt, wenn die Früchte reif sind.

In einer Kastanienpfanne hat Willi Kastanien, dicke Maronen der ersten Wahl.

Die Kastanienpfanne hat einen Boden, der aus mehreren Eisenbändern besteht, unterbrochen durch Zwischenräume, so schmal, daß die Kastanien nicht durchfallen können.

Immer wieder schüttelt Willi die Pfanne.

Wo die Kastanien über den Zwischenraum des Bodens zu liegen kommen, brennen schwarze Löcher in ihre Schale. So platzen sie nicht.

Ich hätte mit einem Messer Einschnitte in die Schale gemacht, zwar kein mühsames aber zeitraubendes Geschäft, das man sich mit der Kastanienpfanne spart.

Und dann sitzen wir um den Kamin, Willi und Jeannette, Annette und ich essen Kastanien und trinken roten Wein, Nostrano, den Bauernwein des Tessin, der aus Amerikanertrauben gemacht wird und nach Eisen schmeckt. Manchmal gibt es ein Stück Käse dazu, den Alpkäse des Tessin. Und wir erzählen Geschichten vom alten Tessin und vom alten Schwarzwald und manchmal ist's, als wäre von ein und demselben Land die Rede.

Willi erzählt, wie es bei ihm daheim im Herbst und Winter Kastanien zu essen gab und Geißenmilch als Abendessen an einem Werktag. Und daß es Kastanienbrot gab.

Daß der Gambarogno, seine Heimat am Ostufer des Lago Maggiore, ganz und gar mit Kastanienbäumen bewachsen war bis hinauf an die Waldgrenze. Unter den Kastanienbäumen war Weide für Geißen und Kühe. Heute ist der Gambarogno mit Mischwald bewachsen, in dem immer noch die Kastanien dominieren, aber da es kaum noch Geißen gibt im Gambarogno, sind die Wiesen vom Wald überwuchert. Und die meisten der alten Kastanienbäume sind vor einigen Jahrzehnten der Kastanienkrankheit zum Opfer gefallen.

Drei Sorten Kastanien unterscheidet Willi. Da sind zunächst die Maronen, groß und dick. Sie wachsen an Bäumen, die der Bauer veredelt hat durch das Aufpfropfen von Reisern alter Maronenbäume, nicht anders als dies z. B. bei den meisten Obstbäumen und beim Wein gemacht werden muß. Maronen sind z. T. riesengroße, uralte Bäume. Auf Sizilien, am Ätna, soll es Maronenbäume geben, deren Baumkronen bis zu 60 m Umfang haben. Der Kastanienigel der Maronen enthält nur einen einzigen Kern. Maronen werden auf dem Feuer geröstet («heiße Maroni»). Sie werden gekocht. Aus ihnen wird Maronenmus, Vermicelles, bereitet, und kandiert kommen sie als Marrons glacés auf den Markt. Willi erzählt mir, daß sie zunächst 10 Tage in reines Wasser gelegt werden. Alle, die dann an der Wasseroberfläche schwimmen, sind schlecht und werden entfernt. Danach werden die Maroni in feuchtem Sand aufbewahrt. Sie sind bis zum Sommer des darauffolgenden Jahres haltbar.

Die kleinste Sorte, im Tessin nennt man sie Magret, haben das beste Aroma. Sie sind geeignet zum Kochen und zum Dörren. Das Dörren geschieht in eigenen Dörrhäuschen, auf Rosten über Feuer. Dann kommen sie in einen Sack und werden auf einen Holzstoß geschlagen, so daß die dürren Schalen zerbrechen und die trockenen Früchte herausfallen. Diese gedörrten Kastanien werden wie Hülsenfrüchte eingeweicht und gekocht. Ein Teil gedörrte Kastanien entspricht der Menge von drei Teilen frischen Kastanien. Sie gelten bei den Tessinern als sehr gesunde Nahrung.

Eine mittlere Sorte nennen die Tessiner Salvadig. Es sind wilde Kastanien, die den Schweinen gefüttert werden, die man an Weihnachten schlachtet. Sie werden auf dem Dachboden ausgebreitet und, wenn sie trocken sind, geschält.

Und dann erzählt Willi ein Tessiner Märchen:

Eines Tages besuchte der liebe Gott wieder einmal das schönste Land, das er in seiner Güte geschaffen hatte, das Tessin. Am Abend hatte er Hunger. Vielleicht wollte er auch nur die Tessiner prüfen. Jedenfalls schlüpfte er in die Gestalt eines Bettlers. Er klopfte bei einer reichen Bäuerin an und bat um etwas zu essen. Die Bäuerin aber schickte ihn fort. «Bettlern», so sagte sie, «gebe ich nichts.» Neben der reichen Frau lebte eine sehr arme Witwe mit fünf Kindern in einer elenden Hütte. Auch hier klopfte der liebe Gott an und sagte, daß er Hunger habe und um etwas zu essen bitte. Da sagte die arme Frau: «Ich habe zwar auch nichts als ein paar gekochte Kastanien. Meine Kinder haben Hunger, sie müssen etwas essen. Aber ich gebe dir meinen Teil von den Kastanien.»

Da setzte sich der liebe Gott an den Tisch zu den Kindern und aß mit ihnen Kastanien. Als er gegessen hatte, verabschiedete er sich und dann schenkte er der armen Frau einen Ballen mit schönem teurem Tuch, und er sagte zu ihr: «Alles, was du morgen früh bei Sonnenaufgang machst, das sollst du den ganzen Tag über machen.» Als die arme Frau bei Sonnenaufgang aufwachte, da war sie neugierig, ob das Tuch wohl für die Kleider ihrer fünf Kinder ausreichen würde. Und sie begann den Stoffballen abzuwickeln, um ihn zu messen. Aber so viel sie auch wickelte und wickelte, der Stoff nahm kein Ende und als schließlich die Sonne unterging, war die ganze Hütte der armen Frau voll Stoff, so daß sie nicht nur ihre fünf Kinder neu kleiden konnte, sondern auch sich selbst und dann noch so viel übrig hatte, daß sie diesen kostbaren Stoff in Locarno bei einem Schneider für viel Geld verkaufen konnte.

Als die reiche Frau, die den lieben Gott abgewiesen hatte, den Segen sah, der über ihre vorher arme Nachbarin kam, da betete sie zum lieben Gott, er möge ihr den Geiz verzeihen und noch einmal zu ihr zu Besuch kommen. Und so geschah es auch. Sie bewirtete den lieben Gott mit allem, was sie hatte. Beim Abschied sagte ihr der liebe Gott ebenfalls: «Was du morgen früh beim Sonnenaufgang tun wirst, das wirst du den ganzen Tag tun.» Die reiche geldgierige Frau überlegte sich die ganze Nacht, was sie wohl Nutzbringendes am Morgen tun könnte. Und dann kam es ihr in den Sinn: sie wollte beim Sonnenaufgang Geld zählen. Sie rechnete sich aus, wieviel Goldstücke sie in der Stunde zählen könnte und wieviel Stunden es vom Sonnenaufgang bis zum Sonnenuntergang wären und wieviel Geld sie dann hätte und was sie mit dem vielen Geld alles anfangen könnte. Gegen Morgen schlief sie endlich ein. Als sie wach wurde, war sie noch so müde, daß sie nicht ans Geldzählen dachte. Sie ging auf das «stille Örtchen» und als sie dort saß und ihre Notdurft verrichtete, ging die Sonne auf. Und sie mußte den ganzen Tag sitzen bleiben, und jedesmal, wenn sie aufstand und die Tür öffnen wollte, kam der Drang wieder über sie. Sie saß dort bis die Sonne unterging. So straft der liebe Gott die Geldgier oder besser gesagt, die Geldgier straft sich selbst, wenigstens im Tessiner Märchen.

Aber die Kastanie ist nicht nur ein wichtiges Grundnahrungsmittel im Tessin. Der Kastanienbaum dient dem Tessiner auch auf andere Weise. Kastanienholz ist das verfügbare Bauholz des Tessin. Es ist dauerhaft und hart wie Eichenholz, zugleich elastisch und tragfähig. Kastanienbalken tragen jahrhundertelang die schweren Granitplatten, mit denen die Tessiner Häuser gedeckt sind. Aus Kastanienholz werden Fässer gemacht und Rebstecken. Kastanienholz wird in den Kaminen des Tessin verbrannt. Wenn es frisch ist, sprüht es zwar sehr stark Funken, läßt man es aber in Wind und Wetter, in Regen und Sonne trocknen, dann brennt es normal.

Die trockenen Blätter der Kastanien dienen als Streu in den Ställen, und früher schliefen viele Tessiner auf Kastanienblättern.

Kastanienholz enthält fast ebensoviel Gerbsäure wie Eichenholz und konnte früher wie dieses zum Gerben verwendet werden. Produkte der Chemie sind an deren Stelle getreten.

Der Große Meyer nennt die Kastanie ein Buchengewächs. Das westliche Asien sei ihre Heimat. Von Menschenhand sei die Kastanie nach Südeuropa gebracht worden, wo sie prachtvoll gedeihe. Die Römer brachten sie auch auf die Alpennordseite, in die Schweiz, an den Oberrhein, in die Pfalz, nach Hessen. Überall dort, wo die Römer den Weinbau eingeführt haben, wachsen auch Kastanien. Das ist natürlich kein Zufall, denn zum Weinbau braucht man Rebstecken und Fässer und beides liefert die Kastanie.

Dabei war das Kastanienholz nicht einmal so wichtig für die Faßdauben, die kann man aus deutschem Eichenholz machen, aber wegen der Elastizität ihres Holzes war die Kastanie unverzichtbar für die Faßreifen, die früher nicht aus Eisen hergestellt wurden. Kastanienfässer, also solche, deren Dauben ebenfalls aus Kastanienholz bestehen, können bestimmten Schnäpsen, wie Treber, Calvados, Cognac ihre schöne braune Farbe geben.

Maronen sind eine nahrhafte Sache, 100 g liefern 211 kcal. Sie enthalten mehr Kohlehydrate als andere Nüsse, dafür weniger Fett und Eiweiß. Hoch ist der Gehalt an Kalium, Phosphor, Magnesium und Kalzium sowie an Vitaminen der B-Gruppe.
Die Kastanien, sowohl die Früchte wie das Holz, spielen in der Heilkunde der hl. Hildegard von Bingen eine große Rolle. Sie sagt, alles was an diesem Baum ist, hilft gegen Schwäche, die im Menschen ist.
Dem Gichtkranken und Jähzornigen (das habe miteinander zu tun!) empfiehlt sie, Blätter und Fruchtschalen zu kochen und ein Dampfbad zu machen.
Wenn er das oft mache, weiche die Gicht und er bekomme einen «milden Sinn». –
Wenn man einen Stock aus Kastanienholz in der Hand trägt, so werde diese durch das Holz erwärmt. Diese Wärme stärke die Adern und alle Kräfte des Körpers.
Man soll auch an Kastanienholz riechen, weil sein Duft dem Kopf Gesundheit gäbe.
Wer schwach ist im Kopf, der koche Kastanien und esse sie oft nüchtern und nach dem Essen: «Sein Gehirn wächst und wird gefüllt, seine Nerven werden stark, der Kopfschmerz weicht.» Wer Herzschmerzen hat und traurig ist (Herz und Traurigkeit haben in der Tat miteinander zu tun!), der muß oft rohe Kastanienkerne essen. «Dies gießt seinem Herz einen Saft wie Schmelz ein, er wird an Stärke zunehmen und seinen Frohsinn wiederfinden.» Gegen Leberschmerzen muß man Kastanienkerne zerdrücken und in Honig legen. Dieser Honig macht die Leber wieder gesund. Nach der hl. Hildegard beeinflußt eine kranke Milz das Herz. Zur Heilung der Milz sollte man am Feuer gebratene Kastanien essen, d. h. heiße Maroni.
Gegen Magenschmerzen empfiehlt sie einen Brei aus gekochten Kastanien, Semmelmehl, Süßholzpulver, dem Pulver aus Engelsüß.
Es gibt Ärzte und Laien, die auf die Empfehlungen der hl. Hildegard schwören, und in der Tat gibt es erstaunliche Heilungen mit ihren Mitteln.

Eine «Hildegardärztin» hat uns empfohlen, die braunen Schalen von Kastanien auszukochen und diesen Extrakt regelmäßig dem Badewasser beizufügen. Das sei ein hervorragendes Mittel gegen Rheuma.

Als Kind habe ich immer wieder einen Zusammenhang zwischen den Edelkastanien und den Roßkastanien gesucht. Die einen schmeckten so gut und mit den anderen konnte ich so schöne Sachen machen: Männle, Tiere, Halsketten ...
Aber es gibt keinen Zusammenhang. Die Roßkastanie, die vor der Eiszeit in ganz Europa heimisch war, hat sich erst seit dem 16. Jh. von Wien aus über Europa wieder verbreitet.
Türkische Soldaten hatten die braunen Früchte als konzentriertes Pferdefutter mit sich geführt.

Kastanien

Kastanien als Bereicherung unseres Speisezettels: sie erleben in den letzten Jahren eine Renaissance. Das hat mit den Schriften der heiligen Hildegard von Bingen zu tun, die heute mehr und mehr Verbreitung und Beachtung finden. Frische Kastanien sind vom Oktober bis zum Februar auf dem Markt. Gedörrte Kastanien sowie -mehl und -flocken sind in der Schweiz relativ einfach erhältlich − anders sieht es in Deutschland aus. Deshalb habe ich im Bezugsquellennachweis am Schluß des Buches entsprechende Adressen vermerkt.

Heute finden wir − vor allem in den schweizerischen Supermärkten − zudem tiefgekühlte ganze Kastanien und leicht gesüßtes Kastanienpüree. Ich ziehe die tiefgekühlten Kastanien den gedörrten vor: ihr Geschmack ist wesentlich feiner.

Kastanien braten
− Die Früchte waschen, auf der gewölbten Seite mit einem spitzen, scharfen Messer kreuzweise einschneiden, auf einem Kuchenblech angefeuchtet bei 180° C 40 − 50 Min. braten.

Die Großmutter wußte:

Kastanien schälen kann man auf verschiedene Arten:
− Die Früchte waschen, auf der gewölbten Seite mit einem spitzen, scharfen Messer einen 1 − 2 cm langen Schnitt anbringen, in kochendes Wasser geben, 5 Min. kochen. Eine Portion mit der Schaumkelle herausnehmen, möglichst heiß schälen. Den Rest der Kastanien im heißen Wasser belassen. Immer nur so viele herausnehmen, daß sie vor dem Schälen nicht abkühlen.
− Die gewaschenen Früchte auf einem Tuch gut abtrocknen, einschneiden und auf einem Schaumlöffel in heißes Öl tauchen. 5 Min. brutzeln lassen. Auf einer Pellkartoffel-Gabel aufgespießt noch möglichst heiß schälen.

Nach 30 Min. nochmals befeuchten, mit einem zweiten Blech bedecken. Weitere 10 Min. braten, bis die Schalen geplatzt und die Kastanien mehlig weich sind. In der Schale servieren. Butterbrot dazu reichen.

Kastanien-Krautwickel

> 500 g Kastanien
> 8 schöne Blätter von Wirsing und/oder
> Rotkraut
> 2 EL frische Butter
> 300 ml Fleischbrühe

Die geschälten Kastanien leicht salzen, 30 Min. kochen.

Die Kohlblätter in leicht gesalzenes, kochendes Wasser geben. 5 Min. blanchieren, mit der Schaumkelle herausheben. Eventuell stark hervortretende Blattrippen flach abschneiden, damit die Blätter sich gut rollen lassen.

Die Blätter flach legen. Auf jedes Blatt 6 – 8 Kastanien legen. Die Blattseiten links und rechts über die Kastanien legen, dann das Päckchen von unten nach oben zusammenrollen. In eine mit frischer Butter ausgestrichene Gratinform geben. Die Fleischbrühe dazugeben.

Im auf 180° C vorgeheizten Backofen 40 Min. schmoren lassen. Oberfläche mit einer Alufolie abdecken, falls sich die Blätter zu sehr bräunen, evtl. noch etwas Fleischbrühe nachgießen.

Die geschälten Kastanien dicht an dicht in eine Bratpfanne (am besten aus Gußeisen) legen. Sie dürfen nur eine Lage bilden. Den Zitronensaft darüberträufeln.

Den Zucker karamellisieren. Ebenfalls über die Kastanien träufeln.

Die Fleischbrühe dazugeben. Auf kleinem Feuer weichdämpfen. Die Flüssigkeit sollte zuletzt eingekocht sein. Evtl. nochmals etwas Fleischbrühe beigeben.

Die Butter flüssig machen, darüberträufeln.

Zu Wildfleisch, Lamm- oder Schweinefleisch, Gans oder Ente servieren.

Vermicelles

800 g Kastanien
500 ml Milch
2 – 3 EL Zucker
4 EL Kirschwasser
200 ml Rahm (süße Sahne)
1 Prise Salz
1 – 2 EL Zucker
1 EL Vanillezucker (fakultativ)
10 Meringue-Schalen
evtl. Maraschino-Kirschen oder eingemachte Sauerkirschen

Die geschälten Kastanien mit der Milch weichkochen (ca. 40 Min.). Vorsicht: kann anbrennen. Evtl. noch mehr Milch beigeben. Das entstehende Mus muß jedoch sehr kompakt sein. Zucker und Kirschwasser dazugeben.

Den Rahm mit dem Salz, dem Zucker und dem Vanillezucker möglichst steifschlagen.

Eine Dessert-Schale mit (evtl. zerbröselten) Meringue-Schalen belegen. Das Kastanienmus durch das Passevite (Flotte Lotte) direkt auf die Meringue-Schalen geben. Am Rand Meringue-Schalen einstecken.

Den Rahm darüber dressieren. Eventuell mit Dessert-Kirschen verzieren. Kalt stellen.

Glasierte Kastanien

500 g Kastanien
1 KL Zitronensaft
50 g Zucker
100 ml Fleischbrühe
2 EL frische Butter

Kastaniencake

    800 g *Kastanien*
    500 ml *Milch*
  2 – 3 EL *Zucker*
      4 EL *Kirschwasser (fakultativ)*
    200 g *dunkle Schokolade (Blockschokolade*
              oder Cremant)
    150 g *frische Butter*
              evtl. 2 – 4 EL Wasser
      3 EL *Zucker (nach Belieben auch mehr)*
    200 g *Butterkekse*

Die geschälten Kastanien mit der Milch weichkochen (ca. 40 Min.). Vorsicht: kann anbrennen. Evtl. noch mehr Milch beigeben. Zucker
und Kirschwasser beifügen. Mit dem Mixer pürieren oder durch ein Passevite (Flotte Lotte)
streichen. Kalt stellen.

Die Schokolade in Brocken brechen, im Wasserbad schmelzen (nicht heiß werden lassen!). Die
zimmerwarme Butter und den Zucker darunterrühren. Es muß eine streichfähige Masse entstehen. Eventuell etwas Wasser dazugeben. Kalt
stellen.

Eine 25 – 30-cm-Cakesform mit einem Backpapier auslegen. Die Form mit einer Lage Schokomasse ausgießen, dann mit Butterkeksen auslegen. Dann abwechslungsweise Kastanienpüree,
Schokomasse und Kekse einfüllen. Zuoberst
Schokolade. Über Nacht kalt stellen, vor dem
Servieren stürzen (rasch in heißes Wasser tauchen). Mit einem in heißes Wasser getauchten
Messer abschneiden.

Kastanientruffes

600 g *Kastanien*
½ l *Milch*
1 *Vanillestengel, der Länge nach aufgeschnitten*
4 EL *Puderzucker*
2 EL *Kakaopulver (1)*
75 g *frische Butter*
2 EL *Rum*
2 EL *Kakaopulver (2)*

Die gewaschenen Kastanien auf der gewölbten Seite kreuzweise einschneiden. Milch, Salz und Vanillestengel aufkochen. Die Kastanien beigeben und auf kleiner Flamme 40 Min. kochen. Abseihen. Die Kastanien so heiß wie möglich schälen. Durch ein Sieb streichen oder mit dem Stabmixer fein pürieren. Zucker, Kakao (1), Butter und Rum daruntermischen. Mit kalten, nassen Händen Kugeln drehen, diese über Nacht in den Kühlschrank stellen. In einen Cognacschwenker Kakaopulver (2) geben. Eine Kugel nach der andern hineingeben und durch einige Drehbewegungen des Glases gleichmäßig rund formen und mit Kakaopulver überziehen. In Pralinetütchen anrichten. Kalt servieren. Am besten zu einem Espresso.

*Als Gott dran war, die Welt zu er-
schaffen, hat er natürlich nicht alles
bis ins Letzte selbst gemacht, sondern
er hat an seine Assistenten, an die
Engel, Aufträge erteilt. Darum ist
auch nicht alles hundertprozentig ge-
lungen.*

*Und so lautete der Auftrag, ein Tier
zu schaffen, das für das Frühstücksei
sorgt, für das Omelette, für das gebratene Güggeli und für eine wunderbare Nudelsuppe.*

So weit, so perfekt.

*Bis auf die Salmonellen. Wenn der
Chef halt nicht alles selber macht ...*

Geflügel

Ob einer unserer Leser sich an den alemannischen Dichter August Ganter erinnert? Meine Mutter hat ihn sehr geliebt und kannte auch einige seiner kleinen heiterbesinnlichen Gedichte auswendig. Eine dieser Geschichten fällt mir spontan ein, wenn ich an Hühner denke.

Ganter hat sein Gedicht sinngemäß so überschrieben, «Warum Dante Theres in einere Nacht grau worde isch»:

Ob die Tante bei Ganter wirklich Therese hieß und ihr Mann Franz, weiß ich nicht mehr. Jedenfalls Onkel Franz hat Schnaps gebrannt, Treberschnaps. Und als er damit fertig war, hat er das, was beim Schnapsbrennen im Brenngefäß übrig blieb, nämlich die Maische, auf den Misthaufen geworfen. So weit so gut. Aber nun kamen die Hühner und fanden diese Beeren kolossal schmackhaft und fraßen die ganze Maische auf. Als die Tante Therese vor dem Mittagessen auf den Hof kam, da lagen ihre schönen Hühner, ihr ganzer Stolz, leblos herum, auf dem Pflaster, auf dem Misthaufen, im Garten, einige sogar im Futtergang. Tante Therese weinte bitterlich, machte dem Onkel Franz Vorwürfe, weil er so leichtsinnig mit dem Trester umgegangen war, und nach dem Mittagessen, das entsprechend unharmonisch verlaufen war, sagte sie seufzend: «Ich will die Hühner rupfen, damit wir wenigstens die Federn haben, denn essen können wir die vergifteten Viecher nicht.»

Und so saß sie den ganzen Nachmittag hinter dem Haus, rupfte die Hühner, den schönen Hahn mit seinen bunten Federn zuerst, und die Tränen tropften auf ihre Hände und auf die Hühner. Zum Schluß warf sie die leblosen Hühnerkörper auf den Misthaufen.

Als sie am Abend zum Melken ging, da marschierten die Hühner, die inzwischen von ihrem Rausch erwacht waren, splitterfasernackt über den Hof. Und so kam es, daß die Tante Therese die ganze Nacht Pullöverle gestrickt hat für ihre Hühner. Einen roten für den Hahn und grüne und blaue für die Hennen. Wegen der Nachtkälte und wegen der Moral.

An dieser Geschichte sind zwei Dinge bemerkenswert: Die Hühner waren früher wie die Schweine die Sache der Bäuerin. Sie hatte für Hühner und Schweine zu sorgen. Die Einnahmen, die sie auf diese Weise erzielte, wurden von ihr verwaltet, wenigstens war es so im Schwarzwald, vor der Emanzipation der Frau.

Zum anderen die Erinnerung an die freilaufenden Hühner. Sie haben früher einfach zu einem Bauernhof gehört: die Hühner. Sie haben im Hof und im Garten gescharrt und ihr Futter gesucht. Die fetten Regenwürmer, die Käfer und Maden, ein paar Getreidekörner, die aus dem Stroh gefallen sind. Sie waren sich selbst überlassen und konnten gehen wohin sie wollten – dafür wurde das eine oder andere auch von Autos überfahren – abends waren sie verläßlich wieder da, bekamen ihr Futter und gingen in ihren Stall.

Dafür hatte man auf dem Hof erstens fast das ganze Jahr über frische Eier,
zweitens gab es die wunderbaren Junghähne, die «Mistkratzerle», die nur dann, wenn sie wirklich vom Bauernhof kommen und frei laufen konnten, ihr exzellentes Aroma entfalten,
und drittens konnte man, wann immer man Lust hatte, ein Huhn für die Suppe schlachten.
Und das schönste: weder diese Hühner noch ihre Eier waren salmonellenvergiftet.
Warum, so frägt der aufmerksame Leser gewiß, gibt es auf unseren Bauernhöfen keine freilaufenden Hühner mehr?
Als wir vor zwei Jahren mit der Filmkamera ein ganzes Jahr lang eine Schweizer Bergbäuerin beobachtet haben, merkten wir bald, wie schwierig die finanzielle Situation der Familie war. Da hat unser Kamera-Assistent die Frage gestellt: «Warum hat denn die Familie nicht wenigstens Hühner?» Denn dann hätten sie ja Eier und Brathähnchen und Suppenhuhn. Der Bauer hat uns erklärt: «Wenn wir Hühner hätten, müßten wir Hühnerfutter kaufen und das lohnt sich nicht, weil wir für den Preis des Hühnerfutters ein ganzes Jahr und zwar auch in der Zeit, wo normale Hühner nicht legen, billige Eier im Supermarkt kaufen können und Hähnchen und Suppenhühner noch dazu.»
Und so kommt es, daß es heute Hühner so gut wie nur noch in Hühnerfarmen gibt, daß alle Eier in Hühnerfarmen produziert werden, wo man mit Licht und weiß der Himmel welchen Tricks die Hühner dazu bringt, das ganze Jahr über Eier zu produzieren, was freilaufende Hühner bekanntlich nicht tun. Sie haben im Winter eine Legepause und die Hausfrauen, auch die Bäuerinnen, waren früher auf eingelegte Eier angewiesen, die mit Kalk oder «Wasserglas» konserviert wurden.

Heute gibt es immer frische Eier, Brathähnchen und Suppenhühner. Der Preis dafür ist, daß man mit dem Leben spielt, wenn man Mayonnaise, Tiramisu, Mousse au Chocolat, Sauce hollandaise und dergleichen mit Rohei Hergestelltes ißt und sich nicht auf den Koch verlassen kann.
Gott sei Dank gibt es inzwischen verläßlich einwandfreies Ei im Tetrapack.
Und in den professionellen Küchen sorgen strengste Vorschriften für die notwendige Vorsicht im Umgang mit dem Ei.
Gleichwohl muß man sich als Gast immer fragen:
kann ich dieser Küche so trauen, daß ich z. B. Tiramisu essen kann. Das mit dem Vertrauen gilt in gleicher Weise für den Kaufmann, bei dem die Hausfrau frische Eier kauft.

Auf alle Fälle auf das Legedatum achten, das neuerdings dem Ei aufgestempelt sein muß!! Wenn man ein ungekochtes Ei in der Hand gehabt hat, die Hände sofort waschen, weil die Eierschalen verschmutzt sind und Salmonellenkeime enthalten können.
Frühstückseier 8 Minuten kochen und nicht kalt abschrecken!
Speisen, die rohes Ei enthalten, am besten nicht mehr zubereiten! Irgendwer hat geschrieben, die Salmonellen seien die Rache der unglücklichen Farmhühner, die auf minimalstem Raum gehalten nie in ihrem Leben einen Sonnenstrahl, geschweige denn einen Grashalm oder einen Regenwurm zu sehen bekommen.
Aber nicht nur die Eier können Salmonellen enthalten, sondern auch die Schlachttiere.
Wenn allerdings gewisse Vorsichtsmaßnahmen beachtet werden, ist die Gefahr, sich mit Salmonellen zu infizieren, gering, und man kann beruhigt Geflügelfleisch essen.

Und das ist gut so. Denn vom Standpunkt der Ernährungswissenschaft her betrachtet, ist Geflügelfleisch ganz generell höchst interessant. Vergleicht man beispielsweise den Eiweißgehalt des Brustfleisches vom Huhn mit besten Stücken vom Rind und Schwein, so ergibt sich, daß das Filet von Rind und Schwein ca. 20 % weniger Eiweiß enthält. Dafür enthält Rindfleisch die vierfache Menge Fett und Schweinefleisch gar die sechsfache Menge vom Brustfleisch des Huhns. Mit anderen Worten, das Hühnerfleisch enthält weniger Kalorien, die der figurbewußte Mensch unserer Zeit ja gern meidet. Auch der Cholesteringehalt liegt niedriger. Was Vitamine und Mineralien betrifft, so hält das Hühnerfleisch jeden Vergleich mit anderen Fleischarten aus. Die Ernährungswissenschaft empfiehlt das Geflügelfleisch vor allem bei Stoffwechsel- und Kreislaufkrankheiten.

Nun gibt es nicht nur magere Hühner, sondern auch die fetten Enten und Gänse. Natürlich ist ihr Fleisch energiereicher und somit auch schwerer zu verdauen, aber das Fett von Geflügel enthält einen hohen Anteil der erwünschten ungesättigten Fettsäuren, was dem Cholesterin durchaus entgegen wirkt.
Von ihrem niedrigen Fettgehalt und ihrem außerordentlich hohen Eiweißgehalt her steht an erster Stelle die Putenbrust.
Daß der Verbraucher diese Zusammenhänge erkannt hat, geht ganz klar aus dem rückläufigen Pro-Kopf-Verbrauch an Fleisch in den letzten Jahren hervor, der sich auf Schweine-, Rind- und Kalbfleisch bezieht, während gleichzeitig fast um ein Drittel mehr Geflügelfleisch gegessen wird. Diese Zunahme bezieht sich vor allem auf das Fleisch von Jungmasthühnern und von Puten. Dennoch liegt der durchschnittliche Jahresverbrauch von Geflügelfleisch pro Kopf der Bevölkerung in Deutschland mit 12,4 kg noch weit unter dem europäischen Durchschnitt mit 18,5 kg pro Kopf. Daran sind die Spanier mit 22,3 kg pro Kopf, die Franzosen mit 21,8 kg pro Kopf beteiligt, und auch in Italien, Irland und Portugal liegt der Pro-Kopf-Durchschnitt über 20 kg. Das ist jedoch immer noch wenig verglichen mit den Israelis mit 35,2 kg und den US-Amerikanern, die pro Jahr und pro Kopf 40,9 kg essen.
Natürlich ernährt sich der Mensch nur dann nach den Empfehlungen der Ernährungswissenschaftler, wenn er unbedingt muß, wenn ihm sozusagen der Onkel Doktor die Pistole auf die Brust setzt. Ansonsten soll das Essen ja schmecken und Spaß machen. Schließlich gehört das Essen zur Kultur eines Volkes und ist mehr als nur Nahrungsaufnahme. Es ist ein sozialer Akt und gehört wesentlich zu den Höhepunkten des Jahres und des Lebens. Essen ist ein wesentlicher Teil jedes Festes.
Soweit Kulturhistoriker und Archäologen in der Geschichte der Menschen zurückblicken können, ist immer Geflügel gegessen worden, gehörte Geflügel zum besonderen, zum festlichen Essen. Heinrich IV. von Frankreich trägt den Beinamen «der gute König», weil er seinen Untertanen jeden Sonntag ein Huhn im Topf versprochen hat.

1620 kamen die berühmten Pilgerväter aus England nach Amerika. Im ersten Winter starben 50 der hundert Männer und 13 der 18 Frauen. Und hätte nicht der Indianer Squanto ihnen geholfen, ihnen eßbare Pflanzen gezeigt und Tiere, darunter den wilden Truthahn, sie wären alle verhungert. 1621 hatten sie eine gute Ernte, und als Dank dafür haben sie ein großes Fest gefeiert. Als Dank vor allem an Squanto und seinen Stamm. Im Mittelpunkt stand der Truthahn, gebraten natürlich und gefüllt.

Seitdem spielt der Truthahn seine große Rolle beim jährlichen Thanksgiving Day, dem Erntedankfest der Amerikaner.

Der Gänsebraten hinwiederum ist verbunden mit dem Weihnachtsabend des Jahres 1588. Die große Elisabeth von England war gerade dabei, ihn als Weihnachtsbraten zu verspeisen, als die Nachricht eintraf von der Vernichtung der spanischen Flotte, der Armada. Das hat ihn zum traditionellen Weihnachtsbraten in England gemacht und von England ausgehend in ganz Europa.

Aber das Geflügelessen wird beherrscht von den Hühnern. Ob Stubenküken oder fetter Kapaun, ob Suppenhuhn oder knuspriges Hähnchen, ob als Coq au vin, mit Wein zubereitet oder in Olivenöl mit Kräutern wie in Italien, als Geflügelsalat oder Backhenderl, das Huhn schenkt ein preiswertes Vergnügen. Und es hat noch den großen Vorteil, so etwas wie eine lebendige Vorratshaltung zu ermöglichen. Als es noch keine Möglichkeit gab, das leichtverderbliche Fleisch anders als durch Rauch und Salz zu konservieren, da war der Hühnerhof zugleich ein Frischfleischvorrat. Im Bedarfsfall ging die Bäuerin hinaus, griff sich ein Huhn, köpfte und rupfte es und schon konnte das Huhn zubereitet werden, denn es verlangt ja noch nicht einmal, daß es «abgehängt» wird wie das Fleisch der Säugetiere.

Dieser Frischeeffekt des Geflügels wird bis heute in den südlichen Ländern genutzt. Rund ums Mittelmeer kommen die Hühner, die Puten, die Gänse und die Enten lebendig auf den Markt. Der Verbraucher sucht sich ein Tier aus, das ihm gefällt. Dann wird es an Ort und Stelle getötet, gerupft und ausgenommen. Bei uns ist das anders, da kommen die Tiere entweder «bratfertig» (mit Innereien) oder «grillfertig» (ohne Innereien) auf den Markt, was meist übertragen gemeint ist und Supermarkt heißen müßte.

Etwa ein Viertel wird in Teilstücken verkauft. Bei den ganzen Tieren ist es Vorschrift, daß Kopf, Flügelspitzen und Füße abgetrennt sind. Das hat hygienische Gründe. Eine Ausnahme bilden die «Bresse»hühner aus Frankreich, die Kopf und Füße behalten dürfen. Man muß an den Federn erkennen können, ob es sich um die richtige Rasse handelt (Frankreich hat in der EG wieder einmal eine Sonderregelung durchgesetzt!). Schließlich sind «Bresse»hühner auch etwas Besonderes, können frei laufen – jedes Huhn hat 10 qm garantierten Auslauf – bekommen ein besonderes Futter, haben ein ganz bestimmtes Mastalter.

Etwa 60 % des angebotenen Geflügels kommt aus Deutschland, d. h. der Rest wird aus den Niederlanden, Frankreich, Ungarn und Polen importiert. Die Hälfte des Angebotes ist tiefgefroren.

Auf dem deutschen Markt wird Geflügel und Geflügelfleisch in drei Klassen eingeteilt: A, B und C.

A – beste Qualität, einwandfrei gerupft, keine Verletzungen und Verfärbungen
B – gesundes Geflügel mit geringen Verletzungen
C – wird nicht im Handel angeboten, sondern nur für die industrielle Verarbeitung, z. B. zu Geflügelwurst (geringer Fettanteil!) verwendet.

Geflügel wird unter folgenden Marktbezeichnungen verkauft:
– Hähnchen
– Suppenhenne
– Babyputer (junges Truthuhn)

- Jungente
- Ente
- Frühmastgans
- Junge Gans
- Gans
- Stubenküken (Hähnchen unter 700 g), die Bezeichnung kommt daher, daß früher Bäuerinnen in Norddeutschland Küken, vor allem im Frühjahr, wenn es draußen noch kalt war, in Käfigen in der Stube gehalten und dort aufgezogen haben.
- Kapaune (kastrierte Junghähne), die besonders viel Fett ansetzen, kaum noch auf dem Markt.

Interessant ist die Frage, für wie viele Portionen ein Vogel reicht:
ein   Hähnchen von 1 100 g reicht für 2 bis 3 Personen
ein   Hähnchen von 2 200 g reicht für 3 bis 4 Personen
eine Babypute von 2 500 g reicht für 5 bis 7 Personen
eine Flugente von 2 100 g reicht für 3 bis 6 Personen
eine Gans von 4 000 g reicht für 6 bis 8 Personen

Die Masse der Jungmasthähnchen hat ein durchschnittliches Gewicht von 1 750 g, wobei es sich bei diesen Hähnchen durchaus auch um Hühner handeln kann.
Frisches Geflügel braucht eine Lagertemperatur von 0 bis 2 Grad. Diese Temperatur sollte vom Hersteller bis zum Verbraucher beibehalten werden. Die Verpackung sollte die Aufschrift tragen «garantiert Spezialeinzelkühlung». Wird die Kühlkette nicht unterbrochen, dann halten sich die Vögel 7 Tage.
Tiefgefrorenes Geflügel ist dem frischen Geflügel ebenbürtig. Es wird durch Schockgefrieren bei minus 40 Grad in kürzester Zeit auf eine Temperatur von minus 18 Grad gebracht. Auch hier muß die Kühlkette bei − 18 Grad ununterbrochen sein.
Das Schockgefrieren verlangt spezielle Gefriergeräte, die nur in der Industrie zur Verfügung stehen. Eine Tiefkühltruhe im Haushalt würde viel zu lange brauchen, um die entsprechende tiefe Temperatur zu erreichen. Dabei würden große Eiskristalle entstehen, die die Zellstruktur des Fleisches zerstören.
Die Haltbarkeit für tiefgefrorenes und bei minus 18 Grad gelagertes Geflügel dauert:
- Hähnchen 1 Jahr
- Pute 1 ½ Jahre
- Gans und Ente 8 Monate
Die geringere Haltbarkeit der Wasservögel hängt mit dem Fettgehalt der Tierkörper zusammen: Das Fett wird mit der Zeit ranzig.
Um ein Hähnchen aufzutauen braucht es an der Luft bei 20 Grad Celsius 5 bis 7 Stunden. Besser allerdings ist es, das Hähnchen im Kühlschrank während 12 bis 18 Stunden aufzutauen.
Eine Babypute braucht an der Luft 16 bis 20 Stunden, im Kühlschrank 35 bis 38 Stunden.
Das Prinzip ist, so schnell wie möglich einfrieren und so langsam wie möglich auftauen, damit das Fleisch nicht zu viel Feuchtigkeit verliert.

Frisches Geflügel wird vor der Zubereitung sorgfältig gewaschen, am besten mit einer Handbrause, damit man innen und außen an alle Stellen kommt. Anschließend wird es innen und außen ebenso sorgfältig mit Küchenkrepp trocken getupft.

Im Hinblick auf die Salmonellengefahr sollten folgende Regeln beachtet werden:

- Geflügel, ob tiefgefroren oder frisch, grundsätzlich in einer angemessenen Entfernung von anderen Lebensmitteln bearbeiten
- bei tiefgefrorenem Geflügel die Verpackung (Plastikhaut) vor dem Auftauen entfernen und wegwerfen
- tiefgefrorenes Geflügel zum Auftauen in eine hinreichend große Schüssel legen, damit das Auftauwasser nirgendwohin tropfen kann
- nach dem Auftauen Auftauwasser sofort wegschütten
- nach dem Bearbeiten des Geflügels den Arbeitsplatz und die Messer und Scheren sofort mit heißem Wasser und Reinigungsmitteln abwaschen
- die Hände sofort mit warmem Wasser, Seife und Bürste gründlich waschen
- das Fleisch gut durchkochen bzw. durchbraten lassen

Geflügel

Suppenhuhn

Ich wüßte keine andere Fleischart, die zugleich so billig, gesund, bekömmlich und erst noch so vielseitig verwendbar ist wie diejenige des Suppenhuhns. Deshalb gebührt ihm der Platz auf unserem Kapitel-Titelbild.

1 *Suppenhuhn, wenn möglich mit Innereien*
2 ½ – 3 l *Wasser*
1 EL *Salz*
1 *Bund Petersilie*
1 *Lauchstengel*
1 *Rippe Bleichsellerie*
1 *Zwiebel mit der äußeren braunen Haut, gewaschen, besteckt mit*
1 *Lorbeerblatt und*
1 *Nelke*
1 *Karotte*
einige Pfefferkörner

Magen, Hals und Füße des Huhns mit den Suppenkräutern kalt aufsetzen und aufkochen. Huhn, Gemüse und Salz beigeben und 1 – 3 Std. köcheln. Je älter das Huhn war, desto länger ist die Kochzeit, desto kräftiger wird auch die Brühe. (Bildseiten 44/45)

Nudelsuppe mit Huhn

1 *gar gekochtes Suppenhuhn mit der Brühe*
100 g *breite Nudeln*

Das Huhn aus der Brühe heben, diese abseihen, wieder aufsetzen, die Nudeln beigeben. Nochmals 15 Min. köcheln. Das Huhn tranchieren, eventuell die Haut entfernen. Flügel- und Bauchstücke fein schneiden. Die Suppe beigeben, evtl. nachwürzen. Mit Schnittlauch bestreut anrichten.

Saucen, die sich für das Fleisch von Suppenhuhn eignen:

Currysauce

1 EL *frische Butter*
1 EL *Weißmehl*
500 ml *Hühnerbrühe*
2 – 3 EL *Currypulver, je nach der gewünschten Schärfe*
1 EL *Zitronensaft*
5 EL *Rahm (süße Sahne)*

Die Butter schmelzen, das Mehl beigeben, etwas anschwitzen. Die heiße Hühnerbrühe dem Kochtopfrand entlang beigeben. Sofort mit dem Schwingbesen gut umrühren. Einige Minuten köcheln lassen. Das Currypulver und den Zitronensaft beigeben. Gut umrühren. Die Hühnerfleisch-Stücke beigeben. Einige Minuten mitkochen. Vor dem Anrichten den Rahm beifügen. Heiß werden lassen, aber nicht mehr kochen.

Spanische Senfsauce

1 EL *eingesottene Butter (Butterfett)*
1 EL *Mehl*
50 g *gekochter Schinken, fein geschnitten*
500 ml *Hühnerbrühe*
2 EL *herber Weißwein*
4 EL *saurer Rahm (saure Sahne) oder Joghurt*
1 EL *Senf*
1 EL *Zitronensaft*

Die Butter schmelzen, das Mehl beigeben, hellbraun rösten.
Den Schinken kurz mitdämpfen. Mit der Hühnerbrühe ablöschen. Den Wein beigeben. ½ Std. köcheln lassen. Vor dem Anrichten die übrigen Zutaten beigeben, gut umrühren, nochmals heiß werden lassen, aber nicht mehr kochen.
(Rezepte ohne Bilder)

Abb. 1 zeigt, wie man Geflügel dressiert, d. h. bindet, damit Flügel und Schenkel dicht am Körper anliegen und so beim Braten weniger austrocknen. Gefüllte Geflügel wird mit von innen nach außen geführten Stichen zusammengenäht.

Abb. 2: So wird Geflügel zerlegt: Flügel und Schenkel zerschneidet man den Gelenken entlang. Dann werden Bauch- und Rückenteile getrennt, sodann schneidet man jeden Teil zuerst der Länge nach und drei mal quer durch. Den Bürzel entfernen.

Rahmsauce

    3 EL frische Butter
    100 ml saurer Rahm (saure Sahne)
    100 ml Hühnerbrühe
            Salz, Pfeffer
    1 EL Zitronensaft

Die Butter braun werden lassen, etwas abkühlen. Rahm und Brühe beigeben, würzen, Zitronensaft beigeben. Mit dem Schwingbesen schlagen, bis die Sauce sämig ist. Heiß werden lassen, aber nicht mehr kochen.
(Rezept ohne Bild)

Zitronenhuhn

    1 Poulet (ca. 1,2 kg)
        Salz und Pfeffer
    2 – 3 Zitronen

    2 EL Olivenöl

Das Poulet innen und außen mit kaltem Wasser spülen und trockentupfen. Salzen, pfeffern.
Die Zitronen waschen, in vier Schnitze teilen, in das vorbereitete Huhn legen und dieses mit Zahnstochern zustecken oder zunähen. Mit der Brust nach unten in einen gußeisernen Brattopf, in den wir das Öl gegeben haben, legen. In der Mitte des auf 200° C vorgeheizten Backofens 20 Min. braten, dann umdrehen. Vorsicht: nicht mit einem spitzigen Gerät, um die Poulet-Haut nicht zu beschädigen.
Den Backofen auf 220° C einstellen. Das Poulet nochmals 20 – 30 Min. braten.
Das tranchierte Poulet mit den Zitronenschnitzen umlegen.
Salat und Reis schmeckt am besten dazu.

Hähnchen vom Grill

> 2 – 3 Hähnchen (Güggeli)
>   Salz, Pfeffer
> 3 EL Olivenöl
>   Zweige von frischem Rosmarin und
>   Thymian, evtl. getrocknete Kräuter

Die Hähnchen innen und außen mit kaltem Wasser spülen und trockentupfen. Den Rücken der Länge nach aufschneiden. Das Hähnchen flach drücken. Salzen, pfeffern, auf beiden Seiten mit Öl bepinseln. Die Hähnchen zuerst mit der Fleischseite nach unten auf den ganz heißen Grill legen. Bei Holzkohlegrill: die Kohlen müssen glühen, aber es dürfen keine Flammen mehr züngeln. Nach drei bis vier Minuten das Hähnchen drehen. Die gegrillte Seite nochmals mit Öl bepinseln. Jede Seite muß zweimal gegrillt werden. Beim letzten Mal die Gewürzzweige in die Glut legen, damit deren Aroma das Fleisch zusätzlich würzt.

Dazu geben wir

Cumberlandsauce (Rezept Seite 30)

Geflügel-Spieß

> 600 g Geflügel-Fleisch,
>   in Würfel von 3 × 2 cm geschnitten
>   4 Holzspießchen, ca. 15 cm lang
>   1 Knoblauchzehe, gepreßt
>   Salz, Pfeffer
> 2 EL Olivenöl

Das Fleisch auf die Spießchen aufreihen, den Knoblauch darüber streichen, mit dem Öl bepinseln, würzen. Auf dem gut vorgeheizten Grill auf jeder Seite 3 – 4 Min. braten.

Poulet Marengo

         1 Poulet 1 – 1½ kg
1 KL Salz
         1 Prise Pfeffer
2 EL Mehl
3 EL eingesottene Butter (Butterfett)
500 g Tomaten, gewaschen, geviertelt
         1 Knoblauchzehe, gepreßt
         1 Bund Petersilie, gewaschen, fein
           geschnitten
         1 Bund Schnittlauch, gewaschen, fein
           geschnitten
200 ml herben Weißwein
2 EL Sherry oder Portwein
         ca.
300 ml Hühnerbrühe
1 EL frische Butter
         1 Tasse Perlzwiebeln
200 g Champignons, gewaschen, blättrig
           geschnitten

Das Poulet innen und außen mit kaltem Wasser spülen und trockentupfen. Tranchieren. Die Stücke mit Salz und Pfeffer bestreuen, im Mehl wenden.

Die Butter heiß werden lassen. Die Pouletstücke portionsweise hellbraun braten, herausnehmen, warmstellen.

Im gleichen Fett die Tomaten andünsten, Knoblauch, Petersilie, Schnittlauch, Weißwein und Sherry beigeben, zuletzt einen Teil der Hühnerbrühe. Alles über die Pouletstücke geben. Sie sollten etwa zur Hälfte damit bedeckt sein. Zugedeckt 45 Min. dämpfen. Die Fleischstücke gelegentlich wenden. Evtl. noch etwas Hühnerbrühe zugeben.

In einer separaten Pfanne die frische Butter schmelzen. Die Perlzwiebelchen und die Champignons weichdünsten. Warmstellen.

Anrichten: Die Pouletstücke auf eine vorgewärmte Platte geben, die Sauce darüberpassieren, mit den Zwiebelchen und den Champignons bestreuen.

Breite Nudeln und grüner Salat schmecken am besten dazu.

Truten-Cordon bleu

8 dünne Trutenschnitzel
  Salz, Pfeffer
  Saft einer halben Zitrone
4 Scheiben gekochter Schinken
2 Mozzarella-Käslein
2 EL Mehl

2 Eier
6 EL Paniermehl
  2 gepreßte Knoblauchzehen
3 EL eingesottene Butter (Butterfett)
  1 Zitrone

Die Trutenschnitzel salzen, pfeffern, mit dem Zitronensaft beträufeln. ¼ Std. kühlstellen. Die Mozzarella-Käslein der Länge nach entzweischneiden. Eine Mozzarella-Scheibe zwischen eine Schinkenscheibe klemmen, diese zwischen zwei Trutenschnitzel legen. Alles mit zwei Zahnstochern fixieren. Auf je einen Teller das Mehl, die zerklopften Eier, das Paniermehl mit dem Knoblauch geben. Das Fleisch (in der obigen Reihenfolge) in der Panade drehen. Die Butter heiß werden lassen. Die Schnitzel auf jeder Seite 4–5 Min. goldbraun braten.
Mit einer Zitronenscheibe garniert servieren.

Ente mit Orangen (Canard à l'Orange)

  1 junge Ente
1 KL Salz
  1 Msp Cayenne-Pfeffer
2–3 Orangen (1)
1 KL getrockneten Thymian
2–3 Orangen (2)

1 EL eingesottene Butter (Butterfett)
1 KL Kartoffelmehl
3 EL Cognac oder Sherry
4 EL Preiselbeer-Konfitüre
   2 Orangen (3)
3 EL Orangen-Konfitüre
3 EL Preiselbeerkonfitüre oder
       einige Herzkirschen

Die Ente innen und außen mit kaltem Wasser spülen und trockentupfen. Salzen, innen mit dem Cayenne-Pfeffer würzen.

Die gut gewaschenen Orangen (1) mitsamt der Schale in feine Würfel schneiden, diese mit dem Thymian mischen, in die Ente füllen. Diese mit Zahnstochern zustecken oder zunähen. Die Ente auf einen Rost in die Mitte des auf 180° C vorgeheizten Backofens schieben. Unter den Rost ein Auffangblech (Kuchenblech) einschieben. Eine Tasse heißes Wasser über die Ente gießen. 1 Stunde braten. Dabei das sich im Auffangblech befindliche Wasser-/Fett-Gemisch immer wieder über die Ente gießen.

Den Saft aus den Orangen (2) pressen. Nach einer Stunde Bratzeit die Ente mit diesem Saft beträufeln. Die Butter ebenfalls beigeben. Ca. 20 Min. braten.

Die Ente warmstellen. Das Kartoffelmehl mit etwas kaltem Wasser anrühren. Den Bratensaft damit vermischen, evtl. nachwürzen, aufkochen, Cognac oder Sherry und die Preiselbeer-Konfitüre dazu geben. Warmstellen.

Die gut gewaschenen Orangen (3) mitsamt der Schale in Scheiben schneiden. In etwas Sauce weichdünsten.

Die Ente tranchieren und auf einer vorgewärmten Platte anrichten. Die gedünsteten Orangenscheiben mit der Orangenkonfitüre und einem Häufchen Preiselbeerkonfitüre oder einer Herzkirsche belegt um die Ente anordnen.

Salzkartoffeln, grüne Erbsen und grüner Salat schmecken am besten dazu.

Hülsenfrüchte

Es kam oft vor, daß meine Eltern am Sonntag mit dem kleinen Werner nach Bollschweil fuhren, in das Dorf im Hexental, wo meine Mutter daheim war und wo zwei Tanten namens Marie auf Höfen verheiratet waren (um Verwirrung zu vermeiden, die eine Tante Marie war angeheiratet!) und der Onkel Karl. Und natürlich hatten Tanten und Onkel Kinder. Sie waren allerdings etwas älter als ich. Wenn das Wetter schön war, wurde ich ihnen zum Spielen anvertraut, nachdem meine Mutter mir eingeschärft hatte, mein neues Bleyle-Anzügle – cremefarben – unter gar keinen Umständen dreckig zu machen. Außerdem dürfte ich auch nicht schwitzen. Das war überhaupt die Hauptsorge meiner Mutter, daß ich schwitze, weil nach ihrer Auffassung dann ein Lüftlein genügte, um mich wieder todkrank aufs Lager zu werfen, was natürlich auch so war, denn ein Bub, der nicht rennt, Ball spielt und schwitzt, der wird auch bei jeder Gelegenheit krank. Noch heute pflegen mich meine Cousinen und Vettern mit dem Ruf meiner Mutter zu ärgern: «Wernerle hesch gschwitzt?», was meine Mutter mit einem raschen Griff ins Genick, unters Hemd begleitete. Hatte ich geschwitzt, mußte ich sofort ins Haus und bei den Erwachsenen sitzen. Und dabei hätte ich doch so gern weiter Verstecken gespielt, wo es doch so schöne Verstecke gab, im Heuschober, im Schweinestall, hinterm Backofen. Wenn aber das Wetter schlecht war, dann spielten die Cousinen mit mir «Nienlistei». Als ich es zum ersten Mal sah, hat mich die Genialität, mit der das Spiel hergestellt war, unvergeßlich beeindruckt. Auf einem Stück altem Pappendeckel – aus einer Schuhschachtel – war mit Bleistift und Lineal sorgsam konstruiert der Spielplan des Mühlespiels aufgezeichnet. Von meinem gekauften Mühlespiel unterschied sich dieser Spielplan durch einige listenreiche zusätzliche Dreier-Kombinationen. Und gespielt wurde das Spiel – Achtung, ich komm zum Thema – mit je neun weißen und braunen getrockneten Bohnen. Schließlich waren getrocknete Bohnen das einzige, was sich als Spielgerät von gleichartiger Farbe auf dem Hof anbot. Meine Vettern und Cousinen spielten mit den trockenen Bohnen aber noch manches. Sie waren das Geld in dem mit viel Phantasie improvisierten Kaufladen. Sie dienten auch als Spielgeld beim «Siebzehnundvier», das mir meine Vettern und Basen verwerflicherweise in früher Jugend schon beibrachten. Natürlich habe ich immer verloren, so wie ich auch beim Verstecken immer gleich gefunden wurde. Schließlich waren die Dorfkinder es ihrer Selbstachtung schuldig, dem verwöhnten, verzärtelten und deswegen verachteten Städterkind ihre Überlegenheit zu zeigen.

Das mit den leichtverfügbaren Bohnen habe ich später dann genutzt, wenn ich als Lehrer einer zweiklassigen Schule am Kaiserstuhl den Erstkläßlern die Grundzahlen und das einfache Rechnen beizubringen versuchte. Dann mußten sie Bohnen mitbringen von daheim, mit denen sie dann eine Menge von fünf oder sieben oder neun bilden mußten.

Getrocknete Bohnen gehörten halt einfach zum Wintervorrat einer bäuerlichen Familie. Getrocknete Erbsen und Linsen wurden im Bedarfsfall, der aber so gut wie nie eintrat, gekauft.

Auf dem Küchenplan meiner Mutter gab es im Jahr höchstens zweimal Linsen mit Speck und Spätzle, Erbsen gab es überhaupt nie. Aber wenn ich es genau betrachte, war es auch mit den Bohnen nicht so weit her. Und das Säckle mit den getrockneten Bohnen hat Mutter als Saatgut verwendet für das darauffolgende Jahr, was ja auch eine legitime Verwendung ist. Ich glaube, meine Mutter hat ganz einfach die Blähungen gefürchtet, und da steht sie ja nicht allein da.

Vielleicht ist das der Grund, warum Hülsenfrüchte oder Leguminosen, wie man sie mit einem Fremdwort nennt, heutzutage ziemlich in Vergessenheit geraten sind. Das heißt nicht so ganz. Im Zeichen der Vollwertkost und einer fleischlosen Ernährung hat man sich an sie erinnern müssen, denn ihr Wert für die Ernährung ist unbestritten. Schließlich sind die Leguminosen pflanzliche Nahrungsmittel, die in der Lage sind, durch ihren Eiweißgehalt das Fleisch in der Ernährung weitgehend zu ersetzen, vor allem dann, wenn man durch eine geschickte Kombination, z. B. mit Getreide, das, was den Hülsenfrüchten an Eiweißbestandteilen fehlt, noch ergänzt. So kennt z. B. unser eigener mittelalterlicher Speiseplan die Kombination von Buchweizen oder Hirse mit Bohnen, mit Erbsen und Linsen. Im Mittelmeerraum bilden Kichererbsen und Weizen eine solche Kombination. In Südamerika Mais und Bohnen. In Asien Reis und Soja. Nur durch derlei Kombinationen gelingt es den Völkern gerade in Mittelamerika und Asien trotz ausgesprochenem Mangel an tierischem Eiweiß, an Fleisch, Milch und Milchprodukten, gesund zu überleben.

Hülsenfrüchte sind nicht nur sehr preiswert, nicht nur ein vollwertiger Ersatz für Fleisch, sie enthalten darüber hinaus viele, für den menschlichen Organismus lebensnotwendige Wirk- und Nährstoffe. Die in ihnen enthaltenen Ballaststoffe sind unersetzliche Anreger einer gesunden Darmtätigkeit. Ihr Rohfasergehalt übertrifft fast alle anderen Lebensmittel.

Die Sache mit den Blähungen und mit der behaupteten schweren Verdaulichkeit, scheint von der Zubereitung und vom Eßvorgang selber abhängig zu sein. Das Labor Glaesel in Konstanz hat Versuchspersonen zwei Tage lang ausschließlich mit weißen Bohnen ernährt. Diese Bohnen waren allerdings gut eingeweicht und gut gargekocht. Außerdem mußten die Versuchspersonen die Bohnen sorgsam und gut kauen. Das Ergebnis war, «Verdauung und Stuhlgang (waren) normal ohne jegliche Blähbeschwerden». Glaesel empfiehlt, bei Unverträglichkeit wegen der Gewöhnung an verfeinerte Kost, sozusagen einschleichend, den Körper an Hülsenfrüchte zu gewöhnen, und zwar durch wiederholte kleine Portionen und zunächst in Breiform. Ein wichtiger Tip ist wohl auch, auf Dosenware zu verzichten und die getrockneten Hülsenfrüchte selbst einzuweichen und zu kochen. Eine Ausnahme sind Linsen, die man nicht einweichen muß.

Erbsen, Bohnen, Linsen enthalten nur sehr wenig Fett. Zu den Mineralsalzen gehört besonders Magnesium. Sie enthalten Vitamin A und Vitamine der B-Gruppe, allerdings kein Vitamin C. Auch dieses muß noch hinzugefügt werden: Nach Glaesel wurde durch eine Reihe von Experimenten bewiesen, daß durch das Essen von Hülsenfrüchten der Blutcholesterinspiegel gesenkt werden konnte.

Hülsenfrüchte, Bohnen, Erbsen, Linsen und auch Kichererbsen gehören zu den ältesten Nahrungsmitteln, mit denen Vorratswirtschaft betrieben wurde. In den ältesten Siedlungen, die von den Archäologen in Kleinasien ausgegraben wurden, fanden sich Vorratsbehälter mit Hülsenfrüchten, mit Erbsen und Linsen, d. h. 7 000 Jahre v. Chr. wurden Hülsenfrüchte schon angebaut, getrocknet und selbstverständlich gegessen. Erbsen, Bohnen und Linsen gehörten zu den landwirtschaftlichen Erzeugnissen der Hethiter. Sie gehörten auch auf den Speiseplan der Asyrer. Linsen und Erbsen waren in Ägypten Alltagsgerichte. Was die Ägypter nicht gegessen haben, waren allerdings Bohnen.

Bohnen und Erbsen und Linsen fanden sich in den Pfahlbaudörfern der Schweiz und Englands. Bei den Griechen gehörten die Hülsenfrüchte zu den Alltagsgerichten, besonders Bohnen, die bis heute dort wichtigstes Nahrungsmittel sind.

Am siebten Tag eines bestimmten Monats wurde in Griechenland zu Ehren des Gottes Apollon das Bohnenfest gefeiert. Dazu wurde ein Bohnenbrei gekocht und dem Gott zum Opfer gebracht.

Wahrscheinlich war bereits in der Steinzeit im griechischen Raum der Genuß von Leguminosen bekannt und geschätzt.

Die Römer schätzten die Hülsenfrüchte ebenso wie die Griechen, das geht so weit, daß in zwei berühmten Namen Hülsenfrüchte verborgen sind. Im prominenten Geschlecht der Fabier steckt nach Plinius das Wort «Faba», Saubohne, im Namen Cicero steckt das Wort «Cicer», d. h. Kichererbse.

Das berühmte römische Kochbuch des Apicius widmet Rezepten für Erbsen, Bohnen, Linsen breiten Raum. Nun ist es an der Zeit nachzutragen, daß es sich bei all diesen Bohnen der europäischen Vorzeit um die sogenannte Saubohne oder Puffbohne handelt, die gar keine Bohne ist, sondern eigentlich eine Wicke.

Unsere heutige Gartenbohne stammt wie Kartoffel, Mais, Kürbis, Tomaten aus Amerika und war vor Kolumbus hier nicht bekannt. Sie trat aber dann schnell an die Stelle der älteren Dicken Bohne.

Fangen wir mit der *Dicken Bohne,* der Saubohne, der Puffbohne, der Ackerbohne an. 100 g haben 300 kcal. Sie enthalten 55 % Kohlehydrate, 20 bis 30 % Eiweiß, Kalzium, Kalium, Phosphor, Eisen, ProVitamin A, B 1, B 2, B 6, und mit 80 mg Vitamin C auf 100 g Bohnen übertreffen sie sogar die Zitronen. Sie sind also alles in allem geradezu konzentrierte Nährkraft. Man sollte sie nie roh essen, weil manche Menschen sogar gegen den Blütenstaub der Dicken Bohne allergisch sind und diese Allergie zu schwersten Erkrankungen führen kann. Dicke Bohnen werden gekocht oder gebraten als Gemüse verzehrt. Gegessen werden nur die Samen. 2 kg Schoten ergeben ca. 500 g Kerne. Die Hülsen sind nicht genießbar.

Im Gegensatz dazu stehen die *Gartenbohnen,* die in Amerika eine lange Geschichte haben, genauso wie die Dicken Bohnen in Europa und Asien. Bei ihnen kann bekanntlich auch die grüne Form verzehrt werden, ja die Bedeutung der grünen Bohnen als Gemüse übertrifft bei weitem die Verwendung als Trockenbohne. Läßt man die Hülsen voll ausreifen, kann man die Trockenbohnen bei trockenem Wetter vor den Nachtfrösten im Herbst ernten. Die Samen werden aus den Hülsen herausgeklopft und bis zum Verzehr problemlos trocken gelagert. Die Bohnenkerne enthalten 21 % Eiweiß und 57 % Kohlehydrate, ca. 20 % Ballaststoffe, sehr viel Kalium, Phosphor und Kalzium. 100 g haben 349 kcal, Vitamin A, B 1, B 2. Bohnen enthalten das Gift Phasin, das Erbrechen, Durchfall, schwere Magen- und Darmbeschwerden, sogar mit tödlichem Ausgang, hervorrufen kann. Es wird durch 15minütiges Kochen der Bohnen zerstört, auch durch die Milchsäuregärung der grünen Bohnen, nicht aber durch Trocknen, so daß das Gift auch in den Bohnenkernen enthalten ist. Bei dieser Gelegenheit sollte man auch auf die gesundheitliche Bedeutung der trockenen Bohnenhülsen ohne

Kerne hinweisen, aus denen ein Tee bereitet wird, der zur Behebung von Stoffwechselkrankheiten wie Gicht und Rheuma beiträgt. Man sagt diesem Tee die größte Wirkung gerade bei Gicht nach. Kein anderes Mittel hemme die Harnsäure im Körper so stark.

Sorten: Weiße Bohnen (Schmalzbohnen) kochen weich und sämig.

Variationen sind Cannellini-Bohnen und Perlbohnen.

Rote Kidney-Bohnen sind mehlig und festkochend. Sie dienen vor allem der Herstellung von Chili con carne.

Die Lima-Bohne eignet sich gut für Salate, enthält aber Blausäure, darum muß das Kochwasser weggegossen werden.

Weitere Bohnenarten: Augenbohnen, Borlottibohnen, Feuerbohnen, Schwarze Bohnen und Wachtelbohnen. Sie werden gern zur Salatherstellung benutzt.

Auch bei den *Erbsen* spielt die Verwendung als grünes Gemüse heute eine größere Rolle als die Trockenerbsen. Trockenerbsen sind fast ausschließlich Schalerbsen. Andere Erbsensorten sind zum Trocknen nicht geeignet. Trockenerbsen werden meist geschält, weil die äußere Schale hart und unverdaulich ist.

Solche Schälerbsen haben allerdings einen geringeren Ballaststoffanteil. Weil die Oberfläche beim Schälen stumpf wird, werden sie anschließend geschliffen und poliert. Dabei zerfallen die Körner oft in zwei Hälften. Diese werden als geschälte halbe Erbsen, als Kracker-, Spalt- oder Splittererbsen verkauft. Sie sind meist billiger als ganze geschälte Erbsen, besitzen aber den gleichen Nährwert.

Es gibt grüne, gelbe und graue Erbsen.

Geschälte Erbsen enthalten 22% Eiweiß, 59% Kohlehydrate, 1% Fett, ca. 15% Ballaststoffe. Sie haben 359 kcal, enthalten Mineralsalze, Kalium und Phosphor, Lecithin, Vitamine B 1 und B 2 und E.

Aus dem Mehl von getrockneten Erbsen wird unter Zusatz von Speck, Fett, Gewürzen und Salz eines der ältesten industriell vorgefertigten Lebensmittel, ein sogenanntes «convenience food», hergestellt, die Erbswurst. Mit der Entwicklung und Herstellung dieser Erbswurst, die als billiges und einfach zubereitendes Nahrungsmittel den Bedürfnissen der einfachen Arbeiterfamilien der frühen Industrialisierung entgegenkam, begann der Aufstieg einer der bedeutenden Nährmittelfabriken der Welt.

Sie sind als Nahrungsmittel so alt und so wichtig, daß sie sogar in der Bibel vorkommen, die *Linsen*. Im Buch Genesis, in dem auch die Entstehung der Welt berichtet wird, erzählt Moses, der wahrscheinliche Autor, die Geschichte von Isaak, dem Sohn Abrahams. Isaak hatte Zwillinge: Esau und Jakob. Esau war zuerst auf die Welt gekommen. Jakob folgte ihm unmittelbar. Er hielt den Fuß des Esau umklammert. Aber Esau war halt der Erstgeborene mit allen Rechten der Erbschaft und der Nachfolge des Vaters als Chef der Großfamilie. Esau war ein Jäger, der oft unterwegs war zur Jagd. Jakob war ein stiller Mann, so heißt es, der meist bei den Zelten blieb. Eines Tages kam Esau heim, müde und hungrig von einer Pirsch in die Steppe. Jakob hatte Linsen gekocht. Ob er sie gekocht hatte oder eine seiner Frauen, geht aus dem Bibeltext nicht hervor. Jedenfalls, Esau sah das Gericht und sagte: «Ich komm um vor Hunger, gib mir von diesen roten Linsen zu essen.»

Da sagte Jakob: «Aber nur, wenn Du mir Dein Erstgeburtsrecht abtrittst.»

Da sagte Esau: «Der Mensch ist sterblich, was nützt ihm Geld und Gut, Verantwortung und Ehre, gib mir die Linsen und hab das Erstgeburtsrecht.»
Darauf, so heißt es in der Bibel, gab Jakob dem Esau Brot und das Linsengericht. Der aß und trank und ging hinweg.

Ich hab's eigentlich immer verstanden, das Argument des Esau, denn Linsen, Linsen sind etwas Himmlisches. Vielleicht rührt meine Liebe zu den Linsen nur daher, daß meine Mutter sie so selten kochte. Vielleicht. Eines kann man jedenfalls aus der biblischen Geschichte lernen, daß schon zu Zeiten der Vorväter, also im 2. Jahrtausend v. Chr., Linsen im Mittelmeerraum bekannt waren, aber die Archäologie bestätigt, wie oben schon erwähnt, daß wenigstens seit 10 000 Jahren Linsen im östlichen Mittelmeerraum, dem sogenannten Fruchtbaren Halbmond, angebaut, eingelagert und gegessen wurden. In diesem Raum ist wahrscheinlich auch ihre ursprüngliche Heimat. Die Linse ist eine der ältesten Kulturpflanzen überhaupt, wahrscheinlich so alt wie Emmer und Einkorn, die ältesten Getreidearten.
Ich habe viele Leute gefragt, ob sie wüßten, wie Linsen wachsen. Die Tatsache, daß es Wasserlinsen gibt, eine Pflanze, die in Bächen wächst, brachte mich und viele auf die Idee, Linsen müßten etwas mit Wasser zu tun haben. Haben sie aber nicht.
Linsen wachsen auf Feldern, z. B. auf der Baar, der Hochebene östlich des Schwarzwaldes, und in Hessen und in Franken und in Thüringen. Die meisten werden allerdings importiert. Dennoch habe ich niemand getroffen, der ein Linsenfeld gesehen hat.
Linsen wachsen an einjährigen, krautigen Pflanzen, die sich, wenn sie dicht wachsen, gegenseitig stützen oder an irgendwelchen Stützen emporranken.
Linsen blühen von Juni bis August mit kleinen Blüten, die weiß, lila oder hellblau sein können. Die Hülsen, kurz und breit, können ein bis vier scheibenförmige Samen enthalten, die gelbgrün sind, dann aber hellbraun und rot werden.
Linsen enthalten 24 % Eiweiß, also noch mehr als Bohnen und Erbsen, 56 % Kohlehydrate, 1 % Fett, zwischen 15 und 18 % Ballaststoffe, Kalzium, Kalium, Phosphor, die Vitamine A, B 1, B 2, Niacin. Sogar die Linsenpflanze ist noch ein nährstoffreiches Futter für Tiere.
Linsen kommen entsprechend ihrer Größe in den Handel. Es gibt 4 Größensortierungen: Riesenlinsen, Tellerlinsen, Mittellinsen und Zuckerlinsen. Die großen Linsen sind teurer als die kleinen, obwohl die kleinen wegen dem höheren Anteil an Schale, die für das typische Linsenaroma verantwortlich ist, besser schmecken. Frisch geerntete Linsen sind hellgrün oder oliv. Mit dem Alter nimmt die Brauntönung zu, was jedoch ohne Auswirkung auf den Geschmack ist. Gelbe Linsen sind geschält, kochen breiig und schmecken, weil die Schale fehlt, nur wenig nach Linsen.
Rote Linsen sind eine Linsenart aus Indien und der Türkei mit lilafarbenen Schalen. Sie kommen auch geschält in den Handel, kochen schnell zu Brei, d. h. sie sind ohne Einweichen in ca. 20 Minuten gar. Dabei verfärben sie sich nach gelb.
Zu den Hülsenfrüchten gehört auch die *Kichererbse,* die in vielen Ländern des Mittelmeerraums zu den Grundnahrungsmitteln gehört. Auch Kichererbsen enthalten viel Eiweiß und Kohlehydrate und haben einen hohen Nährwert. Sie werden zu Püree oder Suppen verwendet. Ich mag Kichererbsen sehr.

Hülsenfrüchte können von Vorratsschädlingen befallen sein, wie Erbsen-, Linsen- oder Bohnen-käfer. Man erkennt dies an runden Fraßlöchern. Wenn dies vielfach auftritt, so daß sich ein Auslesen nicht mehr lohnt, sollte man die Ware wegwerfen. Um den Schädlingsbefall zu vermeiden, werden die Hülsenfrüchte mit chemischen Mitteln behandelt (meistens begast). Treten dennoch einzelne Fraßstellen auf, dann beweist das, daß der Chemieeinsatz nur schwach war. Man sollte vor dem Ein-weichen die Hülsenfrüchte gut waschen.

Es wird empfohlen, die Hülsenfrüchte (außer Linsen) über Nacht in der dreifachen Menge weichem oder enthärtetem kaltem Wasser einzuweichen und sie dann im Einweichwasser zu kochen, um Qualitätsverlust zu vermeiden. Um so wichtiger ist das vorherige Waschen. Unter Umständen sollte man ein geeignetes Mineralwasser zum Einweichen und Kochen verwenden. Denn ist das Wasser hart oder fügt man vor dem Kochen Salz bei, werden die Kerne nur langsam weich.

Die trockenen Hülsenfrüchte sind mindestens ein Jahr haltbar. Bei geschälten Produkten vermin-dert sich die Haltbarkeit allerdings auf 6 Monate.

Entsprechend der langen Zeit, in der die Hülsenfrüchte den Menschen begleiten, sind auch verhält-nismäßig viele Bräuche entstanden. Die Bohne war in der Antike eine Totenspeise und blieb dies auch bei den Germanen, wo sie als Traueressen in der Karwoche auftaucht. In den heiligen zwölf Nächten, also in der Zeit zwischen Weihnachten und Neujahr, darf man weder Bohnen noch andere Hülsenfrüchte essen. Ißt man Bohnen, bekommt man Geschwüre. Andererseits heißt es aber, man muß am Weihnachtsabend Bohnen essen, damit man kein Esel wird. Bohnen müssen am Bonifa-tiustag, am 5. Juni, gesteckt werden. Steckt man sie am Gründonnerstag, dann erfrieren sie nicht. Sonst werden noch der Karfreitag, Maria Verkündigung, drei Tage vor Christi Himmelfahrt (dann steigen sie mit Christus in die Höhe) empfohlen. Sie sollen im Sternbild der Waage gesteckt werden, da werden sie nämlich dick und voll. Werden sie im Sternbild der Jungfrau gesteckt, dann blühen sie nur und setzen keine Früchte an. Sie sollen zwischen 11 und 12 Uhr mittags gesteckt werden und vor allem in ungerader Zahl. Gut ist, wenn man beim Bohnenstecken viel lügt. Am Neujahrstag legt der Bursch eine Bohne für sich und sein Mädchen auf den Balken der Zimmerdecke. Werden beide grün, dann heiratet das Paar. Grünt eine und die andere verdorrt, so heiratet einer anderwärts. Ver-dorren beide, tritt der Tod zwischen die beiden. Mit Bohnen kann man Warzen vertreiben und Hüh-neraugen. Man reibt die Warze mit einem Bohnenkern, die Hühneraugen mit einem Bohnenblatt und vergräbt beides unter der Dachtraufe. Am Dreikönigstag gibt es einen Kuchen, in dem man eine Bohne eingebacken hat. Wer in seinem Stück Kuchen die Bohne erhält, ist der Bohnenkönig. In Griechenland macht man das mit einer Münze, die der «König» dann behalten darf. Der «König» hat auch bestimmte Rechte. So darf er sich z. B. eine «Königin» erwählen. Er wird auch emporgehoben und muß mit Kreide die Buchstaben CMB (wie die Sternsinger) und die Jahreszahl an den Türbalken schreiben, was alles Übel und böse Geister abwehrt. (CMB soll Caspar, Melchior, Balthasar, die Namen der heiligen drei Könige bedecken!)

Die Erbse ist vor allem das Lieblingsgericht der Zwerge. Verteilt man am Heiligen Abend in die vier Ecken der Stube eine Portion Erbsenbrei in Kreuzform, so gibt es nicht viele Mäuse im Jahr. In Schwaben und im Schwarzwald werden an den Adventsdonnerstagen Erbsen an die Fenster gewor-fen («bosseln») und zwar von den jungen Burschen. Die erhalten Nahrungsmittel, die sie an arme

Familien des Dorfes weitergeben. In Polen wurde früher der Priester am Stefanstag am Altar mit Erbsen beworfen. Dies eine Erinnerung an den heiligen Stefanus, der gesteinigt wurde. Die hierbei verwendeten Erbsen wurden im darauffolgenden Jahr gesät und sollten eine besonders reiche Ernte geben. In Schwaben wurden am Johannisfeuer Erbsen gekocht, die als heilsam bei Quetschungen und Wunden galten. In den zwölf Heiligen Nächten, am Dreikönigstag, am Karfreitag und an Ostern darf man keine Erbsen essen, sonst bekommt man Schwären, die Hühner legen nicht mehr oder man wird schwerhörig. Dem Hahn gibt man am Heiligen Abend Erbsen, damit er das ganze Jahr über seine Aufgabe gut erfüllt und tüchtig kräht. Erbsen sind – wohl aus dem gleichen Grund – ein Hochzeitsessen. An Silvester bringt der Genuß von Erbsen Glück und Wohlstand. Erbsen muß man wie Bohnen bei Vollmond säen, dann werden sie voll, und möglichst in einem wäßrigen Zeichen des Tierkreises (Fische, Wassermann), sonst lassen sie sich nicht weichkochen.

Linsen soll man am Christabend, an Silvester, am Gründonnerstag und am Karfreitag essen, dann geht das ganze Jahr das Geld nicht aus.

Hülsenfrüchte

streichen oder mit dem Mixer pürieren. Bei letzterem Vorgehen das Öl, den gepreßten Knoblauch und den Zitronensaft vor dem Mixen beigeben. Salzen. Mit etwas Paprika bestäubt auf einem Teller anrichten. Man reicht das Püree als Vorspeise mit Streifen von Weißbrot, die man in das Püree tunkt.

Kichererbsensuppe

        250 g Kichererbsen
        1 ½ l Wasser
        2 EL Olivenöl
        100 g geräucherter Speck, in Würfel
                geschnitten
        250 g Schweinefleisch (Ragoutstücke)
            1 Lauchstengel, gewaschen, in Rädchen
                geschnitten
            1 Zwiebel, geschält
        500 g Tomaten, gewaschen, geviertelt
            1 l Fleischbrühe
            1 Lorbeerblatt
        1 KL Majoran
                Pfeffer
            1 Bund Schnittlauch, fein geschnitten
        50 g geriebenen Parmesankäse

Die Erbsen über Nacht im Wasser einweichen. Wasser abschütten. Das Olivenöl heiß werden lassen, den in Würfel geschnittenen Speck und das Schweinefleisch beigeben. Hellbraun anbraten. Den Lauch, die Zwiebel und die Tomaten, zuletzt die Erbsen beigeben, durchdämpfen, mit der Fleischbrühe ablöschen, evtl. nachsalzen. Lorbeer und Majoran beigeben. 1 Std. köcheln lassen. Mit dem Pfeffer abschmecken, mit dem Schnittlauch bestreuen. Den Käse dazu servieren.

(Rezept ohne Bild)

Kichererbsenpüree

        250 g Kichererbsen
        1 ½ l Wasser (1)
            1 l Wasser (2)
        8 EL Sesamöl
            1 Knoblauchzehe
                Saft von 3 Zitronen
        ½ KL Salz

Die Erbsen über Nacht in Wasser einweichen. Einweichwasser wegschütten. In der zweiten Wasserportion weichkochen (ca. 1 Std.). Das Wasser wegschütten. Die Erbsen durch ein Sieb

Hülsenfrucht-Küchlein

300 g getrocknete Erbsen, Bohnen oder
Linsen
1 ½ l Wasser (1)
1 l Wasser (2)
1 EL eingesottene Butter (Butterfett) (1)
100 g ganz klein geschnittene
Speckwürfelchen
½ Zwiebel, geschält, gehackt
1 Bund Petersilie, gewaschen, gehackt
einige Blätter frisches oder ½ KL
getrocknetes Basilikum
2 Eier
2 EL Kartoffelmehl
1 Prise Salz
1 Prise Muskatnuß

3 EL Paniermehl
2 EL eingesottene Butter (Butterfett) (2)

Die Hülsenfrüchte über Nacht einweichen. Das Wasser wegschütten. In der zweiten Wasserportion weichkochen. Das Wasser abschütten. Die Hülsenfrüchte durch ein Sieb streichen oder mit dem Stabmixer fein pürieren.

Die Butter (1) schmelzen, die Speckwürfelchen einige Minuten darin braten, Zwiebel und Kräuter beigeben, einige Minuten dämpfen, etwas abkühlen lassen. Das Hülsenfrucht-Püree, die Eier und das Kartoffelmehl beigeben, würzen.

Mit nassen Händen Küchlein daraus formen, diese in Paniermehl wenden und in der Butter (2) hellbraun braten.

Tomatensalat dazu servieren.

Die Linsen über Nacht einweichen. Einweichwasser wegschütten. In der zweiten Wasserportion weichkochen, das Wasser abschütten, aber zurückbehalten.

Die Speckwürfel in der geschmolzenen Butter auslassen, die Gemüse beigeben, mitdämpfen, mit dem Mehl bestäuben, mit der Hälfte des Linsen-Kochwassers ablöschen, aufkochen, die Linsen dazugeben, einige Minuten durchkochen.

Mit dem Essig, dem Muskat und dem Salz würzen. Vor dem Servieren den Rahm darunterziehen. Nicht mehr kochen.

Die Zwiebel in der Kochbutter hellbraun rösten, darüberstreuen. Salzkartoffeln dazu.

Linsengericht

       250 g Linsen
     1 ½ l Wasser (1)
       1 l Wasser (2)
       1 KL Natron
         1 Karotte, gewaschen, geschält, in
            Rädchen geschnitten
         ½ Sellerieknolle, gewaschen, geschält,
            in Scheibchen geschnitten
        50 g Magerspeck, in Würfel geschnitten
         1 Zwiebel, geschält, gehackt
      1 EL eingesottene Butter (Butterfett) (1)
      1 EL Mehl
    100 ml Rahm (Sahne)
      1 EL Weißweinessig
            Salz, Muskat
      1 EL eingesottene Butter (Butterfett) (2)
         1 Zwiebel, geschält, in Ringe
            geschnitten

Salat aus roten Linsen

       500 g roten Linsen
         1 Knoblauchzehe, geschält, gepreßt
      4 EL Weißweinessig
      6 EL Olivenöl
         ½ Zwiebel, geschält, klein geschnitten
            Salz, Pfeffer

Die Linsen waschen, mit Wasser bedeckt 20 Min. kochen, abseihen. Die restlichen Zutaten miteinander vermengen. Alles vermischen.

Bohnengratin

250 g *weiße oder rote Bohnen*
1 ½ l *Wasser (1)*
1 l *Wasser (2)*
2 EL *eingesottene Butter (Butterfett)*
500 g *Schaf- oder Schweinefleisch*
1 *Zwiebel, geschält, gehackt*
1 *Knoblauchzehe, geschält, durch die Presse gegeben*
2 EL *Tomatenpüree*
1 EL *scharfen Senf*
1 EL *Weißmehl*
200 ml *herben Rotwein*
Salz, Pfeffer
2 EL *Paniermehl*
2 EL *frische Butter*

Die Bohnen über Nacht einweichen. Das Wasser abschütten. In der zweiten Wasserportion weichkochen. Das Wasser abschütten, aber aufbewahren.

Die Butter schmelzen, das Fleisch hellbraun ringsum anbraten. Zwiebel, Koblauch, Tomatenpüree, Senf dazugeben, einige Minuten durchdämpfen, die Bohnen beigeben. Das Weißmehl darüberstreuen, untermengen, mit dem Wein ablöschen. Soviel Bohnenwasser zugeben, daß zwei Drittel der Speise davon bedeckt sind. 30 Min. kochen. In eine gut gefettete Auflaufform geben, evtl. noch mehr Wasser beigeben. Mit dem Paniermehl und den Butterflocken bestreut im auf 180° C vorgeheizten Backofen 20 Min. gratinieren.
(Rezept ohne Bild)

Fisch

Einst lebte in Bagdad ein sehr reicher Mann. Er hatte alles, was man sich nur wünschen kann: ein schönes Haus, ausgestattet mit den schönsten Teppichen und Möbeln. In seinem Garten dufteten die Rosen und der Jasmin. Springbrunnen fielen in weite Brunnenschalen, verbreiteten Kühle. Er besaß Kleider in Fülle aus Seide, vom fernen China, und goldenen Brokat aus Cordoba. In den Räumen duftete es nach Sandelholz und Myrrhe. Seine Schiffe brachten ihm die Reichtümer der Welt, Gewürze aller Art, Gold und edle Steine. Mit ihnen trieb er Handel, und sein Reichtum nahm von Tag zu Tag zu. Da träumte er eines Nachts, daß der Erzengel Gabriel ihm erschien und zu ihm sprach: «Alles, was du besitzest, wird deinem armen Nachbarn gegeben werden.» – «Wie soll das geschehen?», antwortete der reiche Mann im Traum dem Engel, «in diesem Land herrscht Gesetz und Ordnung, niemand kann mir etwas wegnehmen.» – «Gott ist alles möglich», sagte der Engel.
Der Nachbar lebte mit Frau und Kindern in einer elenden Hütte, kleidete sich in Lumpen und ernährte sich und die Familie von den paar Fischen, die er im Euphrat fing.
Der reiche Mann erschrak sehr über den Traum und er überlegte, was er tun könnte, um seinen Besitz zu schützen vor Diebstahl und vor Willkür des Sultans. Also ging er hin und verkaufte alles, Haus und Geschäft. Mit dem Erlös kaufte er eine einzige kostbare milchweiße Perle. Die trug er in seinem Turban immer mit sich. Eines Tages ging er am Euphrat spazieren. Da kam ein Windstoß und wehte den Turban in den Fluß. Als er ihn wieder herausfischte, war die Perle verschwunden.
Am Tag darauf fing der arme Nachbar einen großen Fisch, in dessen Eingeweide er eine seltene weiße Perle fand. Er verkaufte die Perle und konnte fortan in Reichtum leben.
Der reiche Mann aber pries die Allmacht Gottes.
Es war ein Fisch, der dem Schicksal geholfen hat.
Erinnern Sie sich an die Geschichte vom reichen Polykrates? Auch er besaß alles, was man nur besitzen kann, was er begann, gelang. Reichtum floß ihm von allen Seiten zu. Da sagte ein Freund zu ihm: «Hast du nicht Angst, daß die Götter auf dein Glück, auf deinen Erfolg neidisch werden und dich verderben?» Polykrates zog einen kostbaren Ring von seiner Hand und warf ihn weit hinaus ins Meer, als Opfer zur Versöhnung der Götter. Am anderen Tag wurde seinem Koch ein besonders schöner Fisch angeboten. Als er ihn aufschnitt, fand er den Ring seines Herrn. Als dieser seinen Ring so schnell wieder bekam, da wußte er, daß die Götter sein Opfer nicht angenommen und sein Verderben beschlossen hatten.
Diese Geschichte hat griechischen Ursprung. Schiller hat sie zu einem Gedicht verarbeitet. Der Talmud, das Weisheitsbuch der Juden, erzählt dieselbe Geschichte von Salomo, dem großen und weisen jüdischen König. Und die Inder erzählen sie von Sakuntala. Und immer ist es ein Fisch, der Schicksal spielt.

Eines Tages kamen die Steuereinnehmer nach Karpanaum, um die Tempelsteuer einzuziehen. So berichtet der heilige Matthäus. Natürlich hatten weder Jesus noch seine Jünger Geld, um die Steuer zu bezahlen. Und Jesus sagte:

«Wie denkst du eigentlich darüber, Petrus? Von wem nimmt ein König Steuer? Von den eigenen Kindern oder von den Untertanen?»

Und Petrus sagte: «Ganz gewiß nicht von den eigenen Kindern.» «Siehst du», sagte Jesus, «die Tempelsteuer geht uns gar nichts an. Aber wir wollen kein Ärgernis geben. Darum geh an den See, wirf deine Angel aus und beim ersten Fisch, den du fängst, wirst du ein Zweimarkstück im Maul finden. Davon gib eine Mark als Tempelsteuer für mich und eine Mark als Tempelsteuer für dich.»

Seltsame Geschichten von Fischen und vom Reichtum. Die Psychologen würden jetzt sagen, das sei doch kein Wunder. Schließlich sei der Fisch das Symbol des menschlichen Unterbewußten. Und die Reichtümer, die die Fische bringen, sind die Reichtümer, die der Mensch gewinnt, wenn er sich mit seinem Unterbewußten beschäftigt. Natürlich keine Reichtümer von Gold und Geld, Reichtümer ganz anderer Art, z. B. aus der Meditation, aus dem Hinabsteigen in die Tiefen der Seele.

Da ist die Geschichte von Jonas. Gott hatte ihm den Auftrag gegeben, als Prophet ins sündige Ninive zu gehen und Buße zu predigen. Dem will sich Jonas entziehen. Er will kein Unglücksprophet sein und schon gar nicht ein Bußprediger. Er geht an Bord eines kleinen Schiffes, das Kurs nimmt nach Irgendwo. Nur fort! Fort von diesem Ansinnen des Gottes. Da schickt Gott einen Orkan. Und das Schiff droht unterzugehen. Die Besatzung schließt messerscharf, dieser Jude da muß Gott erzürnt haben, und sie werfen ihn ins Meer.

Da kommt ein großer Fisch, verschluckt Jonas, und nach drei Tagen im Bauch des Fisches spuckt er ihn an Land.

Und jetzt ist Jonas bereit, die Aufgabe, die ihm Gott zuweisen will, zu übernehmen, nämlich die Menschen von Ninive zur Umkehr, zu einer anderen Geisteshaltung, weg von Konsum und Wohlstandsdenken, zu überreden, die Leute von Ninive dadurch zu retten.

Drei Tage im Bauch eines Fisches.

Das darf man sicher nicht wörtlich nehmen. Aber wenn man den Fisch als Symbol des Unterbewußten nimmt, dann weiß man, was Jonas passiert ist. Er hat sich drei Tage versenkt in die Tiefe der eigenen Seele, und dort hat er Gott getroffen, denn Gott entkommt man nicht, er ist immer schon da. Eben dort unten in unserer eigenen Tiefe. Und so hat sich Jonas gewandelt, ist Jonas «anderen Sinnes» geworden.

Fische spielen überhaupt in der Bibel und im Neuen Testament eine große Rolle. Fische wurden von Gott durch die Sintflut nicht bestraft im Gegensatz zu den Landtieren und den Vögeln, die nichts mehr hatten, um sich vom Fliegen auszuruhen. Und so wie die Fische sich von den Landtieren und den Vögeln dadurch unterscheiden, so soll sich der Christ, der in der Taufe aus dem Wasser des Lebens geboren wurde, von Juden und Heiden unterscheiden.

Christus wurde im frühen Christentum als der «große Fisch» bezeichnet. Er ist aber nicht nur Fisch, sondern auch das Wasser. Das Wasser der Taufe nämlich und in diesem Wasser befinden sich die Christen als Fische, bewegen sich in Christus wie Fische im Wasser. So leicht, so frei. Frei von Schuld, aber auch frei von aller Angst und Sorge.

Der Fisch war im frühen Christentum das Erkennungszeichen der Christen.

Fisch heißt auf griechisch Ichthys. Man hat gesagt, dies sei die Abkürzung folgender Worte: Jesus, Christus, Gottes Sohn, Heiland (Jesus, Christos, Theou, Hyios, Soter), was hinwiederum das Glaubensbekenntnis von Nizäa in gedrängtester Form ist.

Da gibt es die Sache mit den Äonen. Stellen Sie sich bitte das Jahr als einen Kreis vor, der bekanntlich 360 Grad hat. Und stellen Sie sich ferner die zwölf Sternkreiszeichen – Widder, Stier, Zwilling, Krebs, Löwe, Jungfrau, Waage, Skorpion, Schütze, Steinbock, Wassermann, Fische – auf einem weiteren Kreis um den ersten herum vor. Jedes Sternbild umfaßt auf diesem zweiten Kreis ein Zwölftel, d. h. 30 Grad. Nun gibt es auf dem ersten Kreis, dem Kreis des Jahres, einen sogenannten Frühlingspunkt. Und dieser Frühlingspunkt rückt auf dem Kreis der Sternbilder in jedem Menschenalter von rund 70 Jahren um ein Grad weiter nach vorn. Nach dreißig Generationen, also etwa 2100 Jahren, kommt der Frühlingspunkt in ein anderes Sternzeichen. In unserer gegenwärtigen Zeit rückt er vom Zeitalter der Fische in das Zeitalter des Wassermanns. Viele Leute sagen, die gewaltigen Umwandlungen unseres Jahrhunderts, denken Sie an die technischen Erfindungen, die naturwissenschaftlichen Entdeckungen, die politische Umwälzung, die Kriege, die Revolutionen, Erdbeben, Unwetterkatastrophen seien die Wehen, aus denen das neue Zeitalter geboren wird. Denn während das Zeitalter der Fische ein kriegerisches Zeitalter war, sei das Zeitalter des Wassermanns eine Zeit des Friedens und der Versöhnung. Nicht umsonst ist das Zeichen der Fische ein doppeltes: zwei Fische, von denen der eine nach rechts und der andere nach links schwimmt, Symbol der Widersprüche, der Gegensätze, aber auch der Gegnerschaft und des Kampfes. «Ich bin nicht gekommen, den Frieden zu bringen, sondern das Schwert.» Um Christi Geburt, um das Jahr 0, rückte der Frühlingspunkt aus dem Sternbild des Widders in das Sternbild der Fische. Der Bund, den Gott mit den Juden geschlossen hatte, wurde durch das Essen des Paschalammes, eines jungen Widders, gefeiert. Der Auszug der Juden aus Ägypten, d. h. der Beginn dieses Bundes, fand um 1200 vor Christus statt, d. h. mitten im Zeitalter des Widders.

Der Fisch ist auch das Symbol des Wassers und damit des Lebens. Sieben Zehntel der Erdoberfläche sind mit Wasser bedeckt, wobei die trockene Erdoberfläche noch von Flüssen und Bächen durchzogen ist, von den Seen nicht zu reden. Und all dies ist die Lebenswelt der Fische, von denen wir noch vieles gar nicht wissen.

Wie ist diese Welt beschaffen, in der die Fische leben? Natürlich, sie haben Augen und können sehen. Die moderne Forschung beginnt mit komplizierten Geräten, die «Sprache» der Fische zu hören. Die Laute, die sie von sich geben, ähneln den Lauten der Landtiere.

Überhaupt ist es unter Wasser keinesfalls still. Wer einmal in einem Fluß getaucht hat, der kennt den merkwürdigen Lärm, den die Kiesel machen, die am Boden des Flusses ununterbrochen rollen. Die Fische können schmecken, zum Beispiel den chemischen Dreck, mit dem wir Menschen ihre Welt versauen, und sie versuchen, die Verschmutzung zu fliehen – wenn sie können.

Sie haben ein Sinnesorgan, das über Druckänderungen des Wassers informiert, über Strömungen, Wirbel, über das Herannahen von Schiffen, über die Schritte des Menschen, der an den Teich tritt. Fische vermögen sich in der Weite des Ozeans zu orientieren. Lachse z. B. finden nach langen Jahren im Meer zum Laichen den Rückweg zu jenem kleinen Gebirgsbach in Alaska, Kanada, Schottland, Norwegen, wo sie selbst aus dem mütterlichen Laich geschlüpft sind.

In der Welt der Fische bewegt es sich leicht. Drei Dimensionen beherrscht der Fisch: er kann ebenso nach oben schwimmen und nach unten wie nach den vier Himmelsrichtungen. Wir kleben ohne Hilfsmittel an der Erdoberfläche. Das ist die Faszination des Tauchens, sich bewegen zu können wie ein Fisch. Sicher gibt es in uns eine Erinnerung an die Zeit, als wir wie ein Fisch in der Fruchtblase unserer Mutter schwebten, und manche sagen, der Mensch habe nicht nur in der Entwicklungsgeschichte des Lebens Fische als Ahnen, trage in Gestalt seines Blutes, das salzig ist wie das Meer, das Meer in sich, nein, er, der «nackte Affe», habe sich als Meeresbewohner zu dem entwickelt, was er ist, ein Lebewesen ohne Fell.

Fische gehören fraglos zu den ältesten Nahrungsmitteln des Menschen. Unter den erhaltenen Spuren unserer Ahnen aus der Vorzeit finden sich ebenso Angelhaken aus Knochen wie Fischspeere. Dabei haben sicher die frühen Menschen in den fischreichen Bächen zu allererst durch Absperren und durch Greifen mit den Händen die Fische gefangen. Ich erinnere mich, wie ich kurz nach dem Krieg mit den Buben meiner Jugendgruppe von Freiburg aus eine Wanderung nach St. Peter gemacht habe. Da war ein ganz kleiner Waldbach. Einer hat angefangen und bald waren alle damit beschäftigt, mit dem Fangen von Forellen. Ich hatte so etwas noch nie gesehen, hatte geglaubt, Forellen könne man nur mit Angeln fangen. Weit gefehlt. Das ging auch mit den bloßen Händen. Und die Ausbeute war gar nicht so schlecht, die wir in St. Peter ablieferten, dort, wo wir übernachten wollten. Eine freundliche Frau hat sie uns zubereitet, nach Müllerin Art. Und natürlich hat auch jemand gesagt, das sei Diebstahl! Aber das Gewissen hungriger Vierzehnjähriger und ihres ebenfalls hungrigen knapp sechzehnjährigen Führers war durch die Erlebnisse des Kriegsendes mit seinen Plünderungen durch Befreier und Befreite recht abgestumpft.

Vielleicht haben die frühen Menschen diese Fangtechnik von den Bären gelernt, die das Fischfangen mit den Pfoten ganz gut beherrschen. Ich habe es in Alaska gesehen beim Bärenfilmen. Da standen sie im Fluß am Wasserfall. Alte Bären und junge Bären, Mütter mit ihren Bärenkindern, alle gingen ihrer Leidenschaft nach, dem Fischefangen. Im Fluß waren die silbernen Königslachse auf ihrem Weg bergauf zu den Quellbächen. Junge Bären beherrschen das Fangen noch nicht so recht, tapsen daneben, versuchen es immer wieder: Lachse sind der Bären Leibspeise. Bärenkinder bekommen die Fangtechnik von ihren Müttern gezeigt. Alte Bären aber greifen einmal zu und haben einen Fisch, gemächlich trotten sie an Land, zerlegen mit ihren geschickten Pfoten den Fisch und essen nur das Filet.

Hochentwickelte Technik wird heute eingesetzt, um beim Hochseefischfang maximale Fänge zu erzielen. Man schätzt, daß der Fang von 100 Millionen Tonnen Fisch pro Jahr möglich ist. Gegenwärtig liegt der Ertrag bei 76,5 Millionen Tonnen. Darin sind enthalten 57,8 Millionen Tonnen Meeresfische, 7,1 Millionen Tonnen Süßwasserfische, 2,1 Millionen Tonnen Lachse, 5,8 Millionen Tonnen Muscheln, Schnecken und Tintenfische und 3,2 Millionen Tonnen Krebse. Fast ein Drittel der gefangenen Fische wird zu Fischmehl verarbeitet, das eine wichtige Rolle in der Tiermast spielt (Geflügel, Schweine). Längst sind Fangquoten und Netzöffnungen vorgeschrieben, um das Überfischen zu vermeiden.

Eine große Rolle spielt heute schon die Fischzucht. Sie hat eine alte Tradition. Fische in Teichen wurden seit dem 5. Jahrhundert v. Chr. in China gehalten, wo es einen engen Zusammenhang zwischen der Aufzucht von Enten und Fischen in Teichen gibt. Durch den Dung der Enten erhalten Pflanzen Nahrung, von denen Fische und Enten sich ernähren.

Die Römer zogen ihre Speisefische in Teichen. Als der große Lukull starb, soll er in seinen Fischteichen Fische im Wert von 5 Millionen Mark heutiger Währung hinterlassen haben. Von den Römern haben die Mönche des Mittelalters die Fischzucht in Teichen gelernt. Schließlich brauchten die Klöster die Fische als Fastenspeise. Heute spielt China mit einer Produktion von mehr als 2 Millionen Tonnen Teichfischen eine wichtige Rolle.

Aber auch Indien, Japan, Taiwan, die Philippinen und Indonesien haben große Aquakulturen. Polen und Ungarn produzieren einen erheblichen Teil der Karpfen für den europäischen Markt. Dänemark leistet dasselbe für Forellen und Lachse kommen aus norwegischen Fischzuchten in den Fjorden. In den USA werden neben Forellen Welse gezüchtet.

Seit den 60er Jahren gibt es auch Fischzucht in Netzgehegen im Meer.

Dabei wird von Computern die optimale Anzahl und Größe der Fische ermittelt. Die Fische werden vollautomatisch gefüttert samt chemischen Zusätzen, die Krankheiten verhindern und das Wachstum fördern.

Fische zählen zu den wertvollsten Lebensmitteln unter ernährungswissenschaftlichen Gesichtspunkten. Das Fleisch von Fischen hat ein günstigeres Verhältnis von Fett zu Eiweiß als das von warmblütigen Tieren: viel Eiweiß, wenig Fett. Hinzu kommt, daß das Eiweiß des Fisches einen hohen Gehalt an essentiellen Aminosäuren hat. Das macht es biologisch hochwertig. Im Fett, vor allem der Fische, die in der kalten Tiefsee leben, sind äußerst interessante, langkettige (Ketten von Kohlenstoffatomen im Molekül), mehrfach ungesättigte Fettsäuren, die sogenannten Omegafettsäuren enthalten. Sie bleiben auch unter den extremen Bedingungen des eiskalten Wassers flüssig, was für das Überleben der Fische notwendig ist.

Durch den Genuß dieser Fette, so nimmt man an, haben z. B. die Eskimo eine weit geringere Herzinfarktrate als Mitteleuropäer. Ernährungswissenschaftler empfehlen, wenigstens einmal in der Woche Fische aus der kalten Tiefsee wie Makrele, Dorsch, Kabeljau und Rotbarsch zu essen. Kohlehydrate enthält das Fischfleisch nicht. Dies ist für Diabetiker wichtig. Ißt man keinen Fisch, so droht Jodmangel. Jedenfalls ist der Fisch unser wichtigster Jodlieferant. Daneben enthält Fischfleisch viel Phosphor, Kalium und Fluor.

Schließlich liefert der Fisch auch Vitamine. In Fischleber ist besonders viel Vitamin A und D enthalten, aus welchem Grund Dorschleber früher zu Lebertran verarbeitet wurde. Aber die Vitamine A und D sind auch im Fischfett enthalten, so daß eine Portion fetter Fisch, z. B. Hering, den Tagesbedarf an Vitamin D mehrfach decken kann.

Diesen großen Vorteilen des Fischessens steht gegenüber, daß beim Fisch die Zersetzungsvorgänge wesentlich schneller ablaufen als bei warmblütigen Tieren. Allerdings entstehen bei der Zersetzung von Fisch stark riechende Stoffe, die die Zersetzung erkennen lassen. Durch den Einfluß von Bakterien kann Fischfleisch giftig werden.

Es gibt eine Reihe von Merkmalen, durch die man frischen von nicht frischem Fisch unterscheiden kann. Da sind die Augen, die prallgefüllt sein müssen, die Hornhaut sollte durchsichtig sein, die Pupillen schwarzglänzend, die Haut sollte eine kräftige glänzende Farbe haben und mit einem wasserklaren Schleim bedeckt sein. Die Kiemen sollten leuchtend rot sein, ohne Schleim, mit sichtbaren Kiemenblättchen, das Fleisch bläulich durchscheinend, fest und elastisch, die Schnittfläche sollte glatt sein. Der Fisch sollte einen leichten Geruch nach Seetang haben. Ist der Fisch nicht frisch, dann sind die Augen in der Mitte eingesunken, die Hornhaut ist milchig, die Pupillen grau, die Farbe der Haut ist stumpf, der Schleim sieht milchig aus, mit milchigem Schleim sind auch die Kiemen bedeckt, die gelblich und grau sind. Das Fleisch ist undurchsichtig, weich und schlaff, die Schnittflächen sind grau und grieslig. Der Fisch riecht «fischig» nach Ammoniak oder sauer.

Ein frischer Fisch wird, soweit notwendig, entschuppt und gut unter fließendem Wasser ausgewaschen. Das reduziert die Keimbelastung. Etwas Zitronensaft hilft dabei und macht überdies ein zartes Fleisch.

Leider schlägt sich die zunehmende Schadstoffbelastung der Gewässer auch bei den Fischen nieder. Generell kann man sagen, daß Fische aus der küstenfernen Tiefsee, wie z. B. Rotbarsch, weniger belastet sind, als solche aus Küstengewässern, z. B. Scholle und Flunder, Fische aus Bächen und Seen weniger als Fische aus Flüssen und besonders Flußmündungen. Magere Fische, z. B. Schellfisch und Kabeljau weniger als fette Fische, z. B. Aal und Heilbutt. Friedfische, z. B. Heringe weniger als Raubfische, z. B. Thunfisch, Hecht, Heilbutt, junge Fische weniger als alte Fische. Leider gilt die Schadstoffbelastung auch für Zucht- bzw. Teichfische. So werden bei der Massenhaltung von Fischen, z. B. in Netzgehegen zum Gesunderhalten der Tiere Antibiotika verwendet und Mittel gegen Parasiten.

Um die Zuchtleistung zu steigern, werden u. a. auch Sexualhormone und sogenannte Thyreostatika verwendet. Allerdings liegt bei Zuchtfischen die Belastung durch Schwermetalle und Pestizide wesentlich unter dem Grenzwert.

In den vergangenen Jahren wurden die Verbraucher durch Meldungen über den Nematodenbefall von Seefischen beunruhigt. Nematoden gehören zu den häufigsten Parasiten bei Seefischen, die sich bei Hering, Makrele, Kabeljau und Rotbarsch finden können. Kommen lebende Nematodenlarven in den menschlichen Darm, können sie geschwürähnliche Erscheinungen hervorrufen. Dies kommt vor allem dort vor, wo Fisch roh gegessen wird. Die in der Bundesrepublik vorgeschriebenen Verarbeitungsformen machen so gut wie sicher, daß diese Larven abgetötet sind und keine gesundheitliche Gefahr besteht.

Nematoden werden auf eine der folgenden Weisen abgetötet:

– tiefgefrieren auf minus 20 Grad
– erhitzen auf mindestens 70 Grad
– salzen mit einem Mindestgehalt an Salz
– marinieren

Es besteht also keinerlei Grund, etwa wegen Nematoden auf den Verzehr von Fischen zu verzichten.

Die auf hoher See, fern vom Heimathafen gefangenen Fische, werden in Fabrikschiffen nach dem Fang und dem Schlachten so schnell wie möglich tiefgefroren. Frische Meeresfische kommen vor allem von Küstenfischern, Fische aus der Teichwirtschaft werden meistens lebend in Behältern transportiert und erst beim Verkauf geschlachtet. Tiefgekühlter Fisch kann bei einer Lagerung bei minus 18 Grad 4 (Fettfisch) bis 8 (Magerfisch) Monate gelagert werden. Bei einer Lagertemperatur von minus 30 Grad 12 bzw. 24 Monate. Es gibt zwei Philosophien der Fischvermarktung. Zum einen die ununterbrochene Tiefkühlkette von der hohen See bis zum Verbraucher, die ohne besonderen Zeitdruck geschehen kann, zum anderen aber der rasche Transport gefrorenen Fisches von der hohen See oder Küste zum Verbraucher. Die letztere Methode hat geschmackliche Vorteile. So ist es z. B. kein Wunder, daß die Gastwirte am Oberrhein jeden Tag im Elsaß fangfrischen Fisch einkaufen, der am selben Tag von der Atlantikküste eingeflogen wurde. Tiefkühltechnik und schnelle Transportmöglichkeiten machen uns Binnenländern den täglichen Genuß von frischem Fisch möglich. In der Vergangenheit konnte der Seefisch nur gesalzen (Hering) oder getrocknet (Klippfisch oder Stockfisch) über die langen Strecken transportiert werden.

Es sind rund 25 000 Fischarten bekannt, aber nur acht Arten, nämlich Hering, Seelachs, Rotbarsch, Makrele, Seehecht und Forelle bestreiten in Deutschland ¾ des Konsums.

Der *Hering* wird im Nordatlantik, Nord- und Ostsee gefangen. Sein helles, aromatisches, grätenarmes Fleisch enthält 18 % Eiweiß und 10 bis 19 % Fett. Im Herbst ist der Hering mager, im Frühling fett.

Der *Seelachs* ist ein Raubfisch, der allerdings nichts mit dem Lachs zu tun hat. Er wird in der Nordsee gefangen. Bei 18 % Eiweiß hat er nur 1 % Fett. Sein festes, graues Fleisch wird beim Zubereiten hell.

Der *Rotbarsch* ist ein Tiefseefisch, der vor Grönland, Island und Norwegen gefangen wird. Sein Fleisch enthält 18 % Eiweiß und 4 % wertvolles Fett. Es ist rosaweiß, fest und sehr schmackhaft. Der Rotbarsch kommt wegen seiner harten Schuppen und Stacheln filetiert auf den Markt.

Die *Makrele* ist ein Raubfisch, der im Nordatlantik aber auch im Mittelmeer gefangen wird. Er hat 19 % Eiweiß und 12 % Fett. Sein Fleisch hat wenig Gräten und ist saftig und aromatisch.

Der *Hecht* ist ein Raubfisch des Süßwassers. Sein zartes und wohlschmeckendes Fleisch enthält 18 % Eiweiß und nur 1 % Fett. Leider hat der Hecht viele Gräten.

Ebenfalls ein Süßwasser-Raubfisch ist die *Forelle,* deren weißes, manchmal rosafarbenes feines Fleisch 20 % Eiweiß und 3 % Fett enthält.

Neben diesen marktbeherrschenden Fischen gibt es eine Fülle von Fischarten, die gut schmecken, so daß es sich empfiehlt, gelegentlich einmal einen Fisch, den man noch nicht kennt, zu probieren.

Grillierte Salmtranchen

4 – 8	*Salmtranchen (je nach Größe),*
	ca. 800 g
	Salz
	Pfeffer
	Saft einer Zitrone
2 EL	*Sonnenblumen- oder Olivenöl*
	einige Zitronenscheiben oder
	-Schnitze
	einige Petersilienzweige

Die Fischtranchen beidseitig mit Salz und Pfeffer einreiben, mit Zitronensaft beträufeln, 15 Min. kühlstellen, dann auf einem Küchenpapier trockentupfen, mit dem Öl bepinseln. Auf den vorgeheizten Grill legen. Jedes Stück zuerst auf der einen, dann auf der andern Seite je 2 Min. grillieren, dann um 45 Grad gedreht noch ein zweites Mal je 2 Min., so entsteht auf dem Fisch das karierte Grillmuster. Mit Petersilienzweigen und Zitrone garniert servieren.

Die folgende – zu Unrecht kaum bekannte – Schaumsauce schmeckt fein dazu:

Schaumsauce

(zu Fisch, Spargeln oder Artischocken)

2	*Eier*
1 EL	*Zitronensaft*
	Salz
	Muskat
100 ml	*Bouillon*
5 EL	*süßer oder saurer Rahm (Sahne)*

Alle Zutaten im Wasserbad mit dem Schneebesen tüchtig schwingen. Dabei langsam erwärmen, bis die Sauce dicklich geworden ist. (Rezept ohne Bild)

Gratinierter Stockfisch

(schmeckt auch fein mit frischem Dorsch oder Cabliau)

700 g	Stockfisch oder 600 g frischen Meerfisch
3 EL	Mehl
2 EL	Olivenöl
250 g	Zwiebeln, geschält, gehackt
1	Koblauchzehe, geschält, gepreßt
8	gesalzene Sardellen, ganz fein gehackt
1	Glas trockener Weißwein
¾ l	Milch
350 g	Kartoffeln, gewaschen, geschält, in feine Scheiben geschnitten
50 g	Parmesankäse, gerieben
1	Büschel Petersilie, gewaschen, fein gehackt

Den Stockfisch über Nacht in fließendes Wasser legen. Verwendet man frischen Fisch, so fällt dies natürlich weg.

Den Fisch in 2 cm breite Streifen schneiden, diese beidseitig bemehlen. Die Zwiebeln, der Knoblauch und die Sardellen im Olivenöl einige Min. dünsten, mit dem Wein und der Milch ablöschen. Die Kartoffeln beigeben. Alles 15 Min. köcheln lassen.

Die Fischstreifen in eine bebutterte Auflaufform geben, das Zwiebel-Kartoffel-Gemisch darübergeben. Mit dem Käse bestreuen. 20 Min. im auf 200° C vorgeheizten Backofen gratinieren. Mit der Petersilie bestreut servieren.

Gebratene Sardinen

20 *frische Sardinen*
Salz
Saft einer Zitrone
Cayenne-Pfeffer
2 EL *Olivenöl*
Zitronenschnitze und
Petersilienzweige

Falls Sie die Sardinen bei einem freundlichen Fischhändler kaufen, nimmt er sie Ihnen auf Verlangen aus. Wenn nicht: Man nimmt den Fisch in die linke Hand, Kopf gegen außen, Bauchseite gegen oben. Mit einer Schere schneidet man, beim Schwanz beginnend, den Fisch auf, hält ihn dabei unter das kalte fließende Wasser und spült die Innereien weg.

Die ausgenommenen Fische werden innen und außen mit Salz bestreut und mit Zitronensaft beträufelt. 15 Min. kühlstellen. Man würzt sie innen noch mit etwas Cayenne-Pfeffer, tupft sie außen mit einem Küchenpapier ab und legt sie ins heiße Öl. Ringsum braten. Totale Bratzeit 10 Min. Mit Zitrone und Petersilie garniert servieren. Gemischter Salat und Weißbrot schmecken fein dazu.

Panierte Dorschfilets

600 g Dorschfilets
Salz
Pfeffer
Saft einer Zitrone
3 EL Mehl
2 Eier
5 EL Paniermehl
1 KL getrockneten Thymian
3 EL eingesottene Butter (Butterfett)
Zitronen- und Tomatenschnitze
Petersilienzweige

Die Filetstücke salzen, pfeffern, mit Zitronensaft beträufeln. 15 Min. kühlstellen. In einen Teller das Mehl geben, in einem zweiten Teller die Eier verklopfen, in einen dritten Teller das Paniermehl mit dem Thymian vermischen. Den Fisch zuerst im Mehl, dann im Ei und schließlich im Paniermehl wälzen.

Die Butter heiß werden lassen, die panierten Filets darin goldbraun braten (mittlere Hitze). Mit Zitronen- und Tomatenschnitzen und Petersilienzweigen garniert servieren.

Petersiliensauce

1 EL frische Butter
1 EL Mehl
250 ml Bouillon
2 EL Rahm (Sahne)
1 EL Zitronensaft
4 EL Petersilie, gewaschen, ganz fein geschnitten
Salz

Die Butter schmelzen, das Mehl darin andünsten, die Bouillon dazugeben. Gut rühren. Einige Minuten köcheln lassen. Den Rahm, den Zitronensaft und die Petersilie beigeben, abschmecken, nochmals heiß werden lassen, aber nicht mehr kochen.

Gebackener Fisch

Hierfür kaufe ich einen beliebigen Meerfisch nicht nach Gewicht, sondern nach der Größe meines Gußeisenbräters. 35 – 40 cm ergeben eine Portion für 4 – 5 Personen. Der Fischhändler weiß auch, welcher Fisch gehäutet werden muß, und besorgt mir eventuell diese Arbeit.

> 1 *Meerfisch*
> *Saft einer Zitrone*
> *Salz*
> *Pfeffer*
> 1 *kleine Zwiebel, geschält*
> *einige Zweige Estragon oder einige*
> *Salbeiblätter*
> *150 ml saurer Rahm (saure Sahne)*
> *50 g geriebenen Parmesan-Käse*
> *300 ml Bouillon*

Den Fisch in den mit etwas Butter ausgestrichenen Bräter legen, mit dem Zitronensaft beträufeln, salzen, pfeffern. Mit der heißen Butter beträufeln. Die Zwiebel und die Kräuter dazulegen. Die Hälfte der Bouillon dazugießen. 20 Min. im auf 180° C vorgeheizten Ofen braten. Häufig begießen. Den Sauerrahm über den Fisch gießen und den Rest der Bouillon dem Rand entlang beigeben, mit dem Käse bestreuen und weitere 20 Min. backen. Den Fisch im Bräter servieren.

Eintöpfe

Zwiespältig sind meine Erinnerungen, wenn ich das Wort «Eintopf» höre. Frühe Kindertage fallen mir ein: «Eintopfsonntag». «Mueder, was isch e Eintopfsundig?»
«Der Hitler will, daß alle Lit am Sundig Eintopf esse und daß sie s'gschpart Geld für's Winterhilfswerk gänn, für die arme Lit.»
«Un was isch e Eintopf?»
«Des isch ebbis s'Esse, wo mer nur in einem Topf kocht.»
«Git's des bi uns au?» – «Nadirlig, Du Nersch, allewil jedi Wuche. Nur nit am Sundig!»
Eintopfsonntag. Von der Partei und ihren sogenannten Gliederungen in Zeitungen und im Radio propagiert. Einmal im Monat Eintopfsonntag: die «Volksgemeinschaft» hatte Opfer zu bringen für die «Armen und Notleidenden». Oder war das Geld, das so gespendet wurde, für etwas ganz anderes bestimmt? Für etwas, das gar nichts mit WHW, mit Winterhilfswerk zu tun hatte?
Als ich dann älter war und im «Jungvolk», mußte ich am Eintopfsonntag mit der Sammelbüchse und einer Anzahl Abzeichen auf der Straße sammeln. «Haben Sie schon ein Abzeichen vom Winterhilfswerk?» «Nur zwanzig Pfennig für das Winterhilfswerk!!»
Einmal waren die Abzeichen wunderschöne Porzellanfigürchen: Berufe. Ein Koch, ein Arbeiter, ein Schutzmann. Bunt bemalt. Peinlich war es, auf der Straße zu stehen mit der Blechdose, mühselig, denn alle Leute hatten schon gespendet, das sah man an den Abzeichen. Und doch machte es auch wieder Spaß, die Sammelbüchse zu schwenken, was einen eigenartigen Lärm machte. Das fällt mir ein, wenn ich Eintopf höre. Meine Mutter hat nie an einem Sonntag ein Eintopfgericht gekocht. Bei uns gab es am Sonntag Nudelsuppe, Schweinebraten, Bohnen und Kartoffelbrei. Die Bohnen waren im Sommer frisch aus dem Garten und im Winter aus dem Sterilisierglas. Und da kümmerte es die Mutter nicht, ob nun Eintopfsonntag war oder nicht. Und der SA-Mann, der an der Wohnungstür läutete, um das eingesparte Geld abzuholen, mit Spendeneintrag in eine Liste, damit jeder sehen konnte, wieviel Feißts und Tolls und Jäckels, aber natürlich auch der Blockwart und die Parteigenossen in der Straße gespendet hatten, grinste, wenn er «den Braten roch».
Eintopf gab es bei uns meistens am Mittwoch. Ich weiß auch nicht warum. Aber natürlich hätte meine Mutter nie gesagt, «heut gibt's Eintopf». Es gab miteinandergekochte Kartoffeln und gelbe Rüben, zu einem orangenen Brei zerdrückt. Ein Stück geräucherten Speck kochte Mutter darin. Grünen Salat gab es dazu: Leibspeise. Oder das gleiche, jedoch mit etwas was «Bodenkohlraben» hieß, anstelle der gelben Rüben. In Erinnerung erscheint es mir als das Allerfeinste. Es sind sicher mehr als vierzig Jahre vergangen, seitdem ich das nicht mehr gegessen habe, und die Erinnerung verfeinert so ein Gericht ins Unvorstellbare. Oder Mutter machte süße Rüben mit grünem Bauchspeck, da gab's allerdings G'schwellti dazu. Oder Linsen mit Würstle. Kartoffelsuppe mit saurem Rahm, Gemüse mit Rindfleisch.

Es soll mit einfachen Zutaten gemacht werden, die immer und überall zur Verfügung stehen. Die Zubereitung soll unkompliziert sein und die Hausfrau nicht all zu sehr beschäftigen. Man muß es aufs Feuer stellen können und wenn man wieder kommt, soll es fertig sein. Es soll alles enthalten, was der Mensch zu seiner Ernährung braucht und auch noch gut schmecken: der Eintopf.

85

Oder Mutter kochte in einem Topf zuunterst Bohnen, darüber Kartoffelschnitze, darüber Birnenschnitze und zuoberst wieder ein Stück Speck. War alles gar, kamen die einzelnen Dinge in unterschiedliche Schüsseln, der Speck auf eine Platte, die Birnen in eine kleine Schüssel, in größere die Kartoffeln und die Bohnen. Was soll ich sagen, einfache Bauerngerichte, Eintöpfe halt.

Aber Mutter sagte dazu nicht Eintopf.

Eintopf, das war jene NS-Veranstaltung vor dem Krieg.

Hochdeutsch halt und damit für den Schwarzwälder schon von vornerein verdächtig. Einen wichtigen Eintopf habe ich doch glatt vergessen: Irish Stew.

«Mueder, mach doch au emol wieder Eirisch Tu.»

Nanu, werden Sie sagen, wie kommt denn dieses Gericht in den Schwarzwald? Ich weiß es auch nicht. Aber ich weiß, Irish Stew ist die einzige Form, in der man früher, bei uns zulande Hammelfleisch gegessen hat.

Und dann habe ich sie kennengelernt, die Eintöpfe dieser Welt, im gleichen Maß wie ich größer wurde, meine Reisen weiter von daheim wegführten. Der Geißburger Marsch allerdings, das war in der schwäbischen Nachbarschaft. Ich glaub es war in Kelmüntz an der Iller. Da war ich mit meiner Mutter im Herbst 1939, als es so aussah, als kämen die Franzosen über den Rhein. Und den Pichelsteiner, den aß ich zum ersten Mal aus einer Gulaschkanone, aus der sowieso Eintöpfe am besten schmecken. (Hoffentlich hält mich jetzt keiner für einen Militaristen, aber Erbsensuppe mit Schweinsohren aus der Gulaschkanone!!!) Wieder ein paar Jahre später zum ersten Mal an der Nordsee oder dem, was der Binnenländer dafür hält: Hamburg. Auf einem Schiff im Hafen. Auf der Karte «Labskaus». Assoziationen an alte Segelschiffherrlichkeit, Abenteuer, Fernweh, Tampico, Rio, Honolulu, Shanghai. Rot ist Labskaus und so schmeckt es auch.

Und dann zum ersten Mal das Mittelmeer. Besuch beim Freund, der eine Provenzalin geheiratet hat. Eine sehr wäßrige Gemüsesuppe, dann kommt eine grüne dicke Paste hinein aus Basilikum, gehackten Pinienkernen, Knoblauch und Olivenöl. Es duftet nach allen Wundern der Provence: Soupe au Pistou. Und bei der gleichen Gelegenheit ein Gemüseeintopf mit dem aufregenden Namen Ratatouille. Während ich seinem Geschmack nachträume, sehe ich die alte Côte d'Azur vor mir. Traumziel so vieler Reisen, als sie noch nicht zubetoniert war und nicht überlaufen, als man noch in einem kleinen Restaurant sitzen konnte am Hafen von Cassis, den Wellen zuschauen und den wunderschönen Mädchen der Provence, die bis fünfundzwanzig schön waren und sich dann in Hexen verwandelten. Inzwischen sind auch die provenzalischen Mädchen mager und dürr, wie es die Mode will und noch nicht einmal unter fünfundzwanzig ist ein Rest von jenem Traum geblieben: Sie essen zuwenig Soupe au Pistou, zu wenig Ratatouille und zuwenig die anderen Herrlichkeiten der provenzalischen Küche.

Erste Ferien im Tessin!

Noch gibt es zwischen Vira und der italienischen Grenze nur einen Feldweg, und die Wohnung in einem alten Tessiner Haus kostet sechs Franken fünfzig im Tag. So lang ist das her. Die alte Bäuerin von nebenan, die uns täglich Trauben verkauft und Pfirsiche und Eier und Tomaten und Salat und Feigen, lädt uns zu einem Teller Suppe ein, Minestrone. Die dicke Gemüsesuppe mit Bohnenkernen drin und allem, was im Garten wächst. Wir sitzen am Steintisch und löffeln die Suppe, trinken roten

Wein, «Nostrano», und essen weißes Brot. «Molto bono», ich kann bis heute noch kein rechtes Italienisch.

Die alte Frau versteht mich und lacht mit ihrem zahnlosen Mund. «Schmeckt gut», sagt sie, «Minestrone, Tessiner Suppe».

Die Kasematten von Dubrovnik. Honigfarbene Steine. Wunderschöne Mädchen und schmucke Burschen singen die Lieder dieser Stadt, die einst Ragusa hieß und die Konkurrentin war von Venedig. Man hört es in den Liedern dieser Stadt, die slawisch klingen und doch wieder wie Italien. Ein Mädchen lächelt mir zu, aus der Reihe vor mir. «Souviens-toi? Cannes im letzten Jahr?» Und dann geh ich mit der kleinen Französin durch die schönste Stadt, die ich kannte: Dubrovnik. Über die Hauptstraße, deren Marmorplatten im Mondlicht glänzten, und wir sitzen in einem kleinen Restaurant, draußen vor der Mauer. Dalmatinische Musik, roter Wein und serbisches Reisfleisch. Krautsalat gibt es dazu. Und ein französisches Mädchen!

Sevilla. Es ist Abend. Vor einer Stunde sind wir gelandet. Wir gehen in die Stadt. Die Giralda, der schönste Kirchturm der Welt, der eigentlich ein Minarett ist, aber eben so, wie in El Andalus die Minarette gebaut wurden, breit und mächtig. Die hohen Mauern der Kathedrale und die alte Stadt mit ihren engen verwinkelten Gassen, in denen man sich verläuft und wo es hundert kleine Lokale gibt mit Jerez, der so prosaisch bei uns Sherry heißt, und Tapas, kleinen Leckerbissen, die man zum Jerez ißt. Man ißt sich hungrig. Ein kleiner Garten, Bougainvilleen und Hibiskus. Eine einsame Gitarre. Südliche Nacht. Wir essen Paella.

«Komm», sagte Felix, «komm, wir fahren auf die Insel Ste. Marguerite zum Bouillabaisseessen.»

Noch ist Vormittag und wir sitzen im alten Hafen von Cannes, trinken Kaffee und essen Croissants. Ein großer Topf mit bitterem Milchkaffee, der für mich Ausdruck jeden Feriengefühls ist. Die Sonne steht schon hoch über der Bucht. Es ist heiß, und am Bauch der Segelschiffe, die auf der anderen Seite der Straße im Wasser liegen, tanzen die Reflexe der kleinen Wellen. Alte Männer spielen unter den Platanen am Fischmarkt Petanque, Boule.

Und dann fahren wir hinaus zu den Inseln, wo einst die ersten Mönche des Abendlandes ihre Zellen hatten und der hl. Honorat. Auf der zweiten Insel ein kleines Restaurant. Tische unter einer Pergola mit riesigen Trauben. Wir bestellen Bouillabaisse. «Mit Langusten oder ohne?»

«Mit Langusten, selbstverständlich», sagt Felix. Es kostet eine Menge Geld. Der Topf, der gebracht wird, ist riesig. Wir schaffen die Herrlichkeit nicht. Zuviel Kaffee und Croissants heute morgen! Wir trinken den Wein der Domaine Ott, den besten Wein der Côte d'Azur. In den Kiefern am Strand singen die Zikaden. Warum geht ein solcher Tag zu Ende.

«Bollito misto» in einer kleinen Trattoria in der Altstadt von Rom. «Elsässer Bäckeofe» in einem Restaurant an der Ill.

«Szegediner Gulasch», ja «Szegediner Gulasch». Sie hat mir ein Herz geschenkt, das eigentlich ein Nadelkissen war, aber sie hatte es in ihrer Handtasche. Wir waren den halben Tag durch Szentendre geschlendert, hatten traumhafte Plastiken angeschaut und jetzt aßen wir im «Goldenen Drachen», dessen Name so chinesisch klingt und doch ist es ein wunderschönes ungarisches Lokal. Der Zigeuner schmeichelte auf seiner Geige. Das Hackbrett hielt Zwiesprache mit ihr und der Kellner brachte eine Schüssel mit Szegediner Gulasch. Eine dicke Schicht saure Sahne obendrauf.

«Du mußt Szegediner Gulasch versuchen. Ist von mir daheim», hatte sie gesagt. Und als ich ihr auf dem Heimweg nahe kam, roch sie nach Sauerkraut und Paprika.

Cassoulet mit meinem Freund Heiner! Wo? Natürlich in Carcassonne. Und Couscous, die Leibspeise des Maghreb, das hab ich bei meinem Freund Muhammed kennengelernt, der ein hoher Beamter Marokkos ist und dessen Haus in Rabat so aussieht, wie man in arabischen Märchen sich Häuser vorstellt.

Wir tranken den Pfefferminztee, den er eigenhändig aufgoß, zweimal, dreimal, mit viel Zucker, so wie es sich gehört, und wir aßen Couscous, formten Kugeln mit den Händen. «Warum bist Du kein Muslim», sagte er. Und seine Augen blickten traurig. Wie geht's dir, Muhammed? Was machst du, Freund? Der du wie ich mit den Pfunden kämpfst und den Couscous liebst und die anderen schönen Dinge dieser Welt!

Hinter jedem dieser Eintöpfe eine Landschaft und Menschen, freundliche Menschen, liebe Menschen. Erinnerungen.

Wie sind sie eigentlich entstanden, diese Eintöpfe?

Kann es so gewesen sein:

Als man noch keine modernen Herde hatte, da war die Kochstelle ein Feuer, das auf einer Erhöhung in der Küche brannte. Meist noch nicht einmal mit einem Rauchfang darüber. Wir haben es im Vogtsbauernhof experimentiert. Der Rauch zieht unter der Decke ab, belästigt einen nicht ein bißchen.

Über dem Feuer hing eine Kette von der Decke herunter, an die konnte man einen Topf hängen.

Und das einfachste war, in diesem Topf zu kochen. Was?

Eintopf natürlich. Meine Freundin Jeannette macht es in ihrem Sommerhaus, auf den Monti di Vairano immer noch so, wenn sie am Sonntag droben kocht. Sie bringt Würste mit herauf, die herrlichen Luganighe vom Metzger in Vira, der 95 Jahre alt ist und seinen Söhnen immer noch nicht das Rezept verraten hat. Die Luganighe kommen zusammen mit geschälten Kartoffeln und Wasser in den großen Topf aus Kupfer. Werden darin gekocht. Salat gibt es dann dazu. Es schmeckt wunderbar. Wie Eintöpfe schmecken, wenn man sich den Gaumen dafür bewahrt hat.

Einfache Speisen sind sie alle. Nach den einfachen Rezepten der einfachen Leute. Aus den Produkten des Landes hergestellt, ohne große Kosten und ohne allzuviel Mühe, auch weil man einen anständigen Eintopf aufsetzen und sich selbst überlassen kann bis man vom Feld zurückkommt. Schlimmstenfalls ist das Feuer heruntergebrannt, dann ist der Eintopf auf frischem Feuer schnell wieder warm.

Natürlich, so ein Eintopf muß Pfiff haben und dazu gehört das richtige Gewürz, die richtigen Kräuter. Dann kann man auch einen Eintopf zu jeder Gelegenheit essen. Und Eintöpfe müssen noch nicht einmal aus Gründen der Sparsamkeit gekocht werden, sondern ganz einfach, weil sie wunderbar schmecken, wenigstens mir.

Bollito misto
(Mengenangabe genügt für 6 – 8 Personen)

    1 *Schweinsfuß*
    4 l *Wasser*
1 EL *Salz*
    1 *Zwiebel, gewaschen, mitsamt der*
      braunen Schale, besteckt mit
    1 *Lorbeerblatt und*
    2 *Nelken*
1 kg *Rindfleisch zum Sieden*
    1 *Suppenhuhn mit Magen, Hals und*
      Füßen
    1 *Rinds- oder Kalbszunge*
    4 *Karotten, gewaschen, geschält*
    4 *Rippen Bleichsellerie, gewaschen*
      oder
    ½ *Sellerieknolle, gewaschen, geschält,*
      halbiert
    1 *Wirsing, gewaschen, halbiert*

Den Schweinsfuß mit einer Stricknadel überall einstechen und in kochendes Wasser legen, 1 Std. köcheln lassen. Wasser abschütten. Das Salzwasser mit der besteckten Zwiebel aufkochen, Rindfleisch, Schweinsfuß und das Suppenhuhn beigeben. 40 Min. kochen. Dann die Zunge ebenfalls beigeben. Nach 1 ½ Std. Kochzeit die Gemüse beifügen, weitere 30 Min. kochen lassen. Gesamte Kochzeit 2 – 2 ½ Std. Von Zeit zu Zeit abschäumen.

Die Brühe abseihen. Man kann sie überall verwenden, wo Fleischbrühe benötigt wird. (Eventuell tiefkühlen!)

Die Zunge wird von der Haut befreit, die man von der Spitze her abzieht, und in Tranchen geschnitten. Das Suppenhuhn zerteilt man in 8 Stücke, das Rindfleisch wird ebenfalls in Tranchen geschnitten. Dazu serviert man geschälte, in der Schale gekochte Kartoffeln und Salsa verde.

Salsa verde zu Bollito misto

>   2 Scheiben Toastbrot ohne Rinde
> 3 EL Weißweinessig
>   2 hartgekochte Eier, geschält,
>   zerdrückt
>   2 Büschel Petersilie, gewaschen, fein
>   gehackt
> 4 EL Olivenöl
>   1 Prise Salz

Das Toastbrot mit dem Essig beträufeln, einige Minuten stehen lassen, mit einer Gabel zerdrükken, Eier und Petersilie und schließlich das Öl löffelweise beigeben, salzen.
(Rezept ohne Bild)

Irish stew
(Mengenangabe genügt für 8 Personen)

> 1 ½ kg Schafs- oder Lammragout
>   4 große Karotten, gewaschen, geschält,
>   in Rädchen geschnitten
>   1 kleiner Kohlkopf, gewaschen, in
>   Streifen geschnitten
>   1 große Zwiebel, geschält, in Streifen
>   geschnitten
>   1 Lauchstengel, gewaschen, in Streifen
>   geschnitten
>   1 Sellerieknolle, gewaschen, geschält,
>   in Scheiben geschnitten
>   Salz, Pfeffer
>   2 Knoblauchzehen, geschält, in
>   Scheibchen geschnitten
>   1 Prise Muskat
>   1 kg Kartoffeln, gewaschen, geschält,
>   geviertelt
>   1 Bündel Schnittlauch, gewaschen, fein
>   geschnitten

Falls man Schafsragout verwendet, wird dieses vor dem Kochen angebraten. Dies mildert den Schafsgeschmack.

Lagenweise Fleisch und Gemüse (ohne die Kartoffeln) in einen Kochtopf schichten. Heißes Wasser dazugießen, so daß ein Viertel nicht vom Wasser bedeckt ist. Würzen, zugedeckt 1 ½ Std. köcheln lassen. Die Kartoffeln beigeben und in die Brühe drücken. Noch 40 Min. kochen. Mit Schnittlauch bestreut anrichten.

Grünkern-Eintopf

100 g *Grünkern-Körner*
3 *Karotten gewaschen, geschält, in kleine Würfel geschnitten*
1 *Lauch gewaschen, in Streifen geschnitten*
3 *Kartoffeln, gewaschen, geschält, in Würfel geschnitten*
1 ½ l *Wasser*
1 *Lorbeerblatt*
Salz, Pfeffer, Muskat
250 ml *Rahm (süße Sahne)*
1 *Bund Petersilie, gewaschen, fein geschnitten*

Alle Zutaten außer Rahm und Petersilie mitein-ander 45 Min. kochen. Die Hälfte der Suppe mit dem Stabmixer pürieren. Den Rest und die Sahne beigeben, nochmals erhitzen, aber nicht mehr kochen. Mit Petersilie bestreut servieren.

Was viele nicht wissen: «Grünkern» ist Dinkel, der in unreifem Zustand geerntet worden ist.

Cassoulet
(Mengenangabe genügt für 6 Personen)

- 500 g weiße Bohnen
-   1 Karotte, gewaschen, geschält, der Länge nach geviertelt
-   1 Lauchstengel, gewaschen, geschält, der Länge nach geteilt
-   2 Zwiebeln, geschält, in Schnitze geschnitten
-   1 Knoblauchzehe, gepreßt
- 2 EL Butterfett (ausgelassene Butter)
- 500 g Schweinerücken, in Ragoutstücke geschnitten
- 500 g Hammelfleisch, Schulterstücke, in Ragoutstücke geschnitten
- 150 g fetter Speck, in Würfel geschnitten
-   1 Toulouser Wurst (kann man z. B. durch Zungenwurst ersetzen), in Scheiben geschnitten einige Speckschwarten
-   4 Tomaten, gewaschen, geviertelt

Salz, Pfeffer
3 EL Paniermehl

Die Bohnen in reichlich kaltem Wasser über Nacht einweichen. Im Einweichwasser mit Karotten, Lauch, Zwiebeln und Knoblauch aufsetzen und 1 Std. köcheln lassen. Gleichzeitig das Butterfett schmelzen, Schweine- und Hammelfleisch darin anbraten, den Speck beifügen. Einige Minuten schmoren lassen. Die Tomaten beigeben. 1 Std. köcheln lassen. Würzen.

Den Boden einer Gratinform (ganz echt müßte es eine feuerfeste Steingutform sein) mit Speckschwarten belegen. Die abgetropften Bohnen (die noch nicht gar gekocht sein müssen) abwechslungsweise mit dem Fleisch und den Wursträdchen in die Form füllen. Zuoberst Bohnen. Etwas von der Bohnenbrühe zugießen.

Das Cassoulet zugedeckt während 2 Std. im auf 180° C vorgeheizten Backofen garen. Nach einer Std. das Paniermehl darüberstreuen.

Paella

6 EL Olivenöl
½ Poulet, in mundgerechte Stückchen
       geschnitten oder 4 Pouletschenkel
300 g Schweinefleisch, in Ragoutstücke
         geschnitten
150 g gekochter Schinken, in Würfel
         geschnitten
1 Zwiebel, geschält, in Streifen
     geschnitten
2 Peperoni (Paprika), möglichst
     verschiedenfarbig
4 Tomaten
250 g Tintenfisch, gewaschen, in Streifen
         geschnitten
300 g Erbsen
300 g italienischen Reis (Arborio)

1 Tütchen Safran
    Salz, Pfeffer
8 Scampi

Das Olivenöl erhitzen, Poulet und Schweinefleisch ringsum gut anbraten. Zwiebel und Peperoni beigeben. 10 Min. dämpfen. Schinken,
Tomaten, Tintenfisch und Erbsen beigeben,
weitere 15 Min. dämpfen. Unterdessen den Reis
in viel kochendes Wasser geben, 15 Min. köcheln lassen, den Reis abseihen (Reiswasser zurückbehalten). Alles miteinander vermengen,
den Safran beigeben, salzen, pfeffern, evtl. mit
etwas Reiswasser feuchter machen. Die Scampi
darauf legen. Zugedeckt weitere 10 Min. stehen
lassen.
Mit Zitronenschnitzen garnieren.

Wenn die Griechen sich ihre Götter vorstellten, droben auf dem Olymp, dann sahen sie sie hingelagert auf Wolken bei einem immerwährenden Festmahl. Ambrosia gabs zu essen und Nektar zu trinken. Wir Irdischen müssen uns mit Irdischem begnügen.

Festliche Menüs

«Einmal guet glebt, denkt einem lang», pflegte meine Mutter zu sagen, wenn sie z. B. für die Weihnachtstage einkaufte. Dann kam es ihr nicht auf die Mark an, dann kaufte sie das Beste, obwohl sie das ganze Jahr über sparen mußte. 150 Mark Rente im Monat waren auch vor 40 Jahren nicht eben viel. Und von diesem Geld hat sie noch gespart, gespart z. B. für den Aufwand bei den Festen. Weihnachten eben, Neujahr, Ostern, Geburtstage.

Etwas Ähnliches beobachte ich, wenn ich meine griechischen Verwandten besuche. Sie denken vielleicht, das mit den griechischen Verwandten sei erfunden? Keinesfalls. Vor 12 Jahren haben wir in der Thessalischen Ebene in einem winzigen Dorf, das auf keiner Landkarte zu finden ist, einen Film gedreht über Orthodoxe Ostern. Die Frau des Pfarrers war schwanger. Als zwei Monate später das Kind auf die Welt kam – wir waren längst wieder in Deutschland – da wurde ich eingeladen, Pate des Kindes zu sein. Als Pate ist man in Griechenland ebenso verwandt, ja enger sogar als die Blutsverwandten. So habe ich griechische Verwandte.

Ein Pfarrer in Griechenland verdient nicht viel. Mit Frau und drei Kindern ist er alles andere als auf Rosen gebettet. Aber Feste zu feiern mit Aufwand, das ist Selbstverständlichkeit. Und die Gäste müssen vor einem Tisch sitzen, der sich sozusagen unter den vielfältigen Speisen biegt, und es muß so reichlich angeboten werden, daß nachher noch viel übrig ist, damit die Gäste nicht das Gefühl haben, man spare. Und Wein gehört natürlich dazu und Schnaps gehört dazu, und wenn der Gast Bier trinken will, dann muß es Bier geben, und wenn er Limonade trinken will, dann muß es Limonade geben. Und es muß Kuchen geben in Hülle und Fülle, vom Fleisch rede ich gar nicht. Und von den Dutzenden von Vorspeisen, von Gemüse, Reis, Kartoffeln, hausgemachten Nudeln in unterschiedlichster Zubereitung. Und dann wird gesungen und dann wird getanzt, ein Tonbandgerät oder ein Plattenspieler tut es als Musik; wenn es ganz hoch her geht, dann werden noch Teller zerschlagen. Einfach so. Als Ausdruck des festlichen Hochgefühls. Dabei wurde das Geld für das Fest, Drachme für Drachme gespart. Voraus oder hinterher, wenn man die Schulden abtragen muß, die man gemacht hat, um das Fest zu finanzieren. Die Taufe etwa, oder die Hochzeit der Tochter, die in Griechenland Unsummen verschlingt. Denn mit dem Essen und Trinken an mehreren Tagen ist es ja dann nicht getan. Auf Kreta gehört dann noch die Munition dazu, denn zu einer kretischen Hochzeit gehört es, daß geschossen wird. Allein dafür kommen leicht nochmals mehrere tausend Mark zusammen.

Im Schwarzwald versteht man ja auch rauschende Hochzeitsfeste zu feiern. Aber in bäuerlichen Gegenden, dort, wo der Schwarzwald noch in Ordnung ist, dort lädt man zwar möglichst viele Leute zu den Hochzeiten ein. Die Eingeladenen aber haben eine bestimmte Summe pro Kopf zu zahlen, z. Z. sind das mehrere hundert Mark. Dafür werden keine Geschenke erwartet.

Damit wird das Fest finanziert, und es bleibt noch was übrig für die Ausstattung des Brautpaares. Ein gewisses wirtschaftliches Denken ist halt uns Alemannen schon eigen.

Was ist das eigentlich, ein Fest? Ein besonderer Tag im grauen Einerlei des Alltags. Ein Tag, auf den man sich freuen kann und dessen Erinnerung einem das Leben durchsonnt. Da sind die Kalenderfeste, früher waren es Martini, Nikolaus, Weihnachten, Silvester und Neujahr, Dreikönig, Fasnacht – natürlich – , Ostern und Pfingsten. Sie liegen mit Ausnahme von Ostern, Pfingsten alle im Winterhalbjahr.

Und dann natürlich Taufe, Erstkommunion, Konfirmation, Hochzeit, Beerdigung, ja auch Beerdigung. Im Schwarzwald und nicht nur im Schwarzwald geht eine «Liecht» meistens in ein Fest über, das aus dem Erbe des Verstorbenen bestritten wird.

Und dann wieder Taufe, Erstkommunion … Generation für Generation. Alle diese Feste sind eigentlich christliche Feste. Und wenn man es genau besieht, gehört zu den christlichen Festen auch der Sonntag, der in unserer Gesellschaft mit größter Selbstverständlichkeit als freier Tag in Anspruch genommen wird, ohne jedes Bewußtsein davon, daß er eigentlich erst vom Christentum als Ruhetag eingeführt wurde. Natürlich, Sie haben recht, er geht auf die jüdische Tradition, den siebten Tag der Schöpfung zu feiern, an dem Gott ruhte, wie es in der Bibel heißt, zurück. Das ist in der Judenheit der Sabbat, der am christlichen Samstag gefeiert wird. Auf den Schöpfungsbericht der jüdischen Bibel geht auch der siebte Tag des Islam zurück, der am Freitag gefeiert wird. Und so wie die Juden den Samstag als siebten Tag feiern und die Muslime den Freitag, so haben sie auch religiöse Feiertage, die dem Jahr Höhepunkte verleihen. Diese religiösen Höhepunkte, die verbunden sind mit Familienfesten, die werden meist vorbereitet durch Fastenzeiten.

Im Christentum z. B. das 40tägige Fasten vor Weihnachten, das im Westen verschwunden ist, und vor Ostern. Wir leben in einer Zeit, in der die Allgemeinheit immer rascher ihren christlichen Charakter verliert. Was ist dann eigentlich noch Weihnachten, Ostern? Eine sinnleere Tradition, die im Grund nur aus kommerziellen Gründen aufrecht erhalten wird. Was wären Weihnachten und Ostern ohne den Rummel rund um den Weihnachtsmann und um den Osterhasen?

Zu diesen Festen gehört einfach ihr religiöser Hintergrund, gehört der gemeinsame Gottesdienstbesuch, so wie er zum Sonntag gehört. Und so entchristlicht, das heißt sinnlos, wie die Feste sind, so werden sie eigentlich auch gefeiert, d. h. sie haben mit ihrem Inhalt auch ihre Form verloren. Was ist eigentlich mit dem Christentum los? Können wir denn noch Feste feiern? Haben wir nicht längst alle Traditionen und Konventionen über Bord geworfen, die einfach dazu gehören, ein Fest zu feiern? Z. B. daß man bei einem Fest auch in der Familie sich anders anzieht als im Alltag.

Meine Eltern hatten einen Sonntagsanzug bzw. ein Sonntagskleid, das sie am Sonntag anzogen in die Kirche und bei festlichen Anlässen. Ich habe natürlich auch Anzüge für besondere Gelegenheiten. Aber die besonderen Gelegenheiten, für die ich sie anziehe, sind meist beruflicher Art. Vielleicht einmal zu einer Hochzeit oder Taufe. In der Freizeit und dazu gehören halt die Sonntage, genauso wie die Festtage, trage ich Jeans und Pullover.

Ein Fest ist immer eine gesellschaftliche Angelegenheit. Es ist schwer, ein Fest mit sich selbst zu feiern, obwohl viele Einsame dies tun müssen. Ich weiß von Leuten, die allein leben, die sich am

Weihnachtsabend den Tisch schön decken, eine Kerze anzünden, eine Flasche Wein öffnen, dazu ein gutes Kleid anziehen und dann mit sich selbst feiern, mit guten Gedanken, mit Erinnerungen, mit Hoffnungen …

Aber ich weiß auch von anderen Alleinlebenden, die sich Freunde und Verwandte einladen und dann das Fest in aller Form feiern.

Ursprünglich hat zum Feiern eines Festes auch in der Familie ein gewisses Ritual gehört. Jüdische Familien begehen so noch den Sabbat. Bei uns gibt es am Weihnachtsabend in manchen Familien noch eine Erinnerung. Dann, wenn die Kerzen am Christbaum angezündet werden, der Vater das Glöckchen läutet, die Kinder hereinkommen, den Baum und die Krippe bestaunen, wenn dann das Weihnachtsevangelium gelesen wird, wenn dann die Familie Weihnachtslieder singt und vielleicht sogar ein Vaterunser betet für die verstorbenen Mitglieder der Familie. Dann kommt die Bescherung und dann kommt das gemeinsame Essen. In vielen Fällen ist von all diesem die Bescherung übrig geblieben und das Essen, alles andere haben inzwischen das Radio und das Fernsehen übernommen, perfekt und unpersönlich, wenn's hoch kommt.

Das gemeinsame Essen ist wenigstens geblieben, das gemeinsame Essen als festlicher Höhepunkt. Es ist ein Geheimnis um das gemeinsame Essen, das mit dem Bewußtsein der Zusammengehörigkeit zu tun hat.

Und es ist kein Wunder, daß im Mittelpunkt christlicher Gottesdienstfeiern mit Abendmahl und Kommunion eine stilisierte Form des Miteinanderessens steht. Natürlich, die Familie ißt im Idealfall an jedem Tag miteinander, und wenn es nur beim Abendessen ist. Aber, beim festlichen Anlaß, an Weihnachten, Neujahr, bei Taufe, Erstkommunion/Konfirmation, Hochzeit, da ist das Essen eben etwas anderes, genauso wie die festlichen Speisen sich vom Alltag unterscheiden. Da gehört dazu, daß die Teilnehmer am Essen keine Alltagskleidung tragen. Das hat etwas mit den anderen zu tun, mit den anderen Teilnehmern am Essen, die man mit einer besonderen Kleidung ehrt. Man nimmt sie ernst, auch wenn sie vielleicht erst fünf Jahre alt sind. Man zeigt es ihnen. So wie man den Chef ernst nimmt, wenn er einen zum Essen einlädt. Und dann gehört dazu, daß der Tisch mit Liebe gedeckt ist. Und man setzt sich nicht an den Tisch, sondern an die Tafel. So wie die weiße Tischdecke Tafeldecke heißt. Und diese weiße Tischdecke ist aufgelegt, auch wenn die Kinder vielleicht noch schlabbern. Es gibt Länder, wo der Hausvater als erstes ein Glas Rotwein über die Tafeldecke schüttet, damit sich niemand genieren muß. Zur Tafeldecke gehören immer Stoffservietten. Auch wenn man nur wenig Geschirr besitzt, kann man den Tisch schön decken (meine Mutter nahm an Weihnachten das «gute Geschirr» aus dem Schrank, genauso wie bei anderen festlichen Anlässen. Dazu hatte sie wieder «gute» Gläser, ein «gutes Silberbesteck»). Und dann gibt es auf dem Tisch Blumen und vielleicht auch einen Leuchter mit Kerzen. Schön ist, wenn man die Farben der Blumen und der Kerzen und vielleicht des Geschirrdekors aufeinander abstimmt. Hat man Gäste, so sind Tischkärtchen für alle Beteiligten hilfreich und man kann sich rechtzeitig überlegen, neben wen man die Tante Elfriede setzt. So, daß sie sich wohlfühlt.

Gerade für die Kinder ist ein festlich gedeckter Tisch und ein festliches Essen eine hervorragende Erziehung zur Eßkultur. Ich kenne eine Familie mit Kind, die an jedem Samstagabend «festlich» ißt.

Mit schön gedecktem Tisch, mit Blumen und Kerzen, mit einer entsprechenden Speisefolge und entsprechend anspruchsvoll zubereiteten besonderen Gerichten: der Sonntag gehört in dieser Familie dem Wandern und dem Sport, so ist der Samstagabend der gemeinsame Höhepunkt der Woche. Dann bleibt auch der Fernseher abgeschaltet und man hat Zeit, miteinander zu sitzen und zu reden. Und dann geht dieses Reden über in gemeinsame Gesellschaftsspiele. Das wöchentliche Fest einer intakten Familie.

Zu einem festlichen Essen gehören auch gewisse Regeln, früher selbstverständlich. Z.B. daß man gemeinsam mit dem Essen beginnt. Wenn alle ihr Essen hatten, hat man ein Tischgebet gebetet. Das Ende des Tischgebets war das Zeichen zum Essensbeginn.

In manchen Familien gibt man sich auch nur rund um den Tisch die Hand und sagt «gesegnete Mahlzeit». Das mindeste ist, mit einem «guten Appetit» der Hausfrau das Essen zu eröffnen. Von den anderen Regeln bei Tisch will ich gar nicht reden.

Ein festliches Menü beginnt eigentlich mit einem Aperitif, den man vor dem Essen im Stehen einnimmt. Das kann ein Glas Sekt sein, ein Sherry, ein Portwein, ein Wermut. Die Kinder nehmen grundsätzlich am Aperitif teil, bekommen allerdings einen Fruchtsaft. Die Speisenfolge eines festlichen Menüs hat bestimmte Regeln. Der erste Gang kann eine kalte Vorspeise sein, gefolgt von der Suppe oder eine Suppe, gefolgt von einer warmen Vorspeise (Prinzip: immer kalt vor warm). Der Hauptgang besteht aus Fleisch oder Geflügel oder Wild oder Fisch. Man kann auch einen Fischgang vor dem Fleischgang anbieten. Dann kommt eine Süßspeise, dieses Mal warm vor kalt, Eis, Käse, Früchte. Zum Schluß gibt es Kaffee und natürlich gibt es zum Essen entsprechende Getränke. Das kann ebenso Wein sein wie Bier, jedenfalls sollte das Getränk auf das Essen abgestimmt sein, dessen Geschmack unterstreichen, ohne den eigenen zu verleugnen. Die Grundregel bei Wein heißt, Weißwein zu hellem Fleisch: Kalbfleisch, Geflügel, Fisch; Rotwein zu dunklem Fleisch: Rind, Wild. Bietet man unterschiedliche Weine zu den einzelnen Gängen an, dann sollte sich der Wein in Geschmack und Qualität von Gang zu Gang steigern.

Das letzte große Fest in unserer kleineren Familie war 1939. Es war meine Erstkommunion. Mein Vater hat noch gelebt und mein Onkel Ulrich, zum letzten Mal waren die Schweizer Verwandten da, im gleichen Jahr begann noch der Krieg und die Familie kam so nie mehr zusammen. Es waren ungefähr 20 Personen. Das elterliche Schlafzimmer wurde ausgeräumt. Die Tafel wurde im Schlafzimmer und Wohnzimmer aufgebaut. Da wir nicht genügend Tische hatten, kamen die von meiner Tante Rosa dazu, die im Stockwerk unter uns wohnte, und Stühle natürlich auch.

Meine Mutter hatte das «gute Geschirr» nur zwölffach, also kam auch das «gute Geschirr» von Tante Rosa zum Einsatz. Es gab Markklößlesuppe, Königinpastete, Sauerbraten mit selbergemachten Nudeln. Zum Dessert gab es Schwarzwälder Schneeballen mit Vanillesoße und natürlich Linzertorte und Kaffee. Getrunken wurde der herbe Elbling, den Onkel Karl angebaut hat und von dem er als Kommuniongeschenk zwei Fünfliterkorbflaschen mitbrachte. Er war grausig herb, denn Onkel Karl war vereidigter Meßweinhersteller und sein Wein war absolut naturbelassen sauer.

Mutter hat tagelang vorher mit den Vorbereitungen begonnen, die Markklöße gemacht und die Nudeln, die Linzertorte gebacken und den Sauerbraten eingelegt. Am Erstkommunionstag selber hat Mutter natürlich keine Zeit gehabt für die Arbeit in der Küche, das hat meine Cousine Annele übernommen, deren Kochkunst allein von meiner Mutter als der eigenen ebenbürtig anerkannt wurde. Es war ein wunderschönes Fest. Und es gab außer der Linzertorte noch viele Kuchen, die vor allem dazu da waren, an die Gratulanten verschenkt zu werden, die im Laufe des Tages kamen und Blumenstöcke und andere Geschenke brachten.

Das Fest dauerte bis tief in die Nacht. Und es war mir so schlecht, weil ich zu viel gegessen hatte und alles durcheinander. Und die Familie war ganz unter sich und man konnte alles mögliche besprechen, über die politischen Verhältnisse schimpfen genauso wie den neuesten Tratsch über die nicht anwesenden Mitglieder der Großfamilie verbreiten. Und die Männer durften ihre Jacken ausziehen und in Hosenträgern sitzen und Zigarren rauchen und Schnaps trinken, und wenn ihre Frauen schimpfen wollten, dann wurden sie von den anderen Frauen und den Männern überstimmt. Nie kann ein Familienfest in einem Gasthaus so schön und gemütlich sein. Und nie wieder war es so wie damals bei meiner Erstkommunion daheim.

Natürlich hat meine Mutter vorher und nachher eine Menge Arbeit gehabt. Hinterher mußte ja alles Geschirr gewaschen und alles aufgeräumt werden. Aber ein solches Fest in der Familie war halt viel intimer als es je ein Fest in einem Gasthaus sein kann. Schließlich war ja auch viel mehr Gastfreundschaft in Gestalt von Arbeit aufzubringen. Und jeder Gang zeugte von der besonderen Sorgfalt meiner Mutter und von ihrem persönlichen Engagement, von ihrer Liebe zur Familie. Hatte sie nicht eigens für den Onkel Wilhelm ein paar Preiselbeeren zum Sauerbraten aufgetischt? Und wegen der Tante Frieda Markklößle gemacht, obwohl sie viel lieber Nudelsuppe gehabt hätte? Und der Onkel Ulrich bekam extra einen grünen Salat, «weil er es mit der Gesundheit hatte», und das mürbste Stück Fleisch reservierte Mutter für den Onkel Karl, dessen dritte Zähne nicht so recht taten.

Aber wer mag sich heutzutag noch so viel Arbeit aufladen. Meine Mutter hätte es sicher getan, ihren Geschwistern zulieb, auch wenn das Einkommen meines Vaters ein Fest im Gasthaus zugelassen hätte, zumal meine Mutter die beste Köchin überhaupt war und bei allen Familienfesten kochen mußte.

Forellenköpfchen

    350 g geräucherte Forelle, von Haut und
           Gräten befreit
    300 ml süßer Rahm (süße Sahne), noch
           besser Crème double (1)
      2   Eier
      1 EL Kapern
             Salz, Pfeffer
             Cayennepfeffer
    100 ml süßer Rahm (süße Sahne) (2)
      1   Prise Salz
      2 EL Tomatenmark
      2 EL geriebenen Meerrettich
             einige Dillzweige
             Zitronenschnitze

Den Fisch mit dem Rahm und den Eiern in den Mixer geben und zu einer homogenen Masse verarbeiten. Mit den Kapern, Salz, Pfeffer und dem Cayennepfeffer vermengen. Großzügig würzen.

Je nach Größe vier bis acht Pastetenförmchen ausbuttern und so mit der Fischmasse füllen, daß ein halbzentimeterhoher Rand frei bleibt. Die Förmchen in einen Kochtopf stellen und diesen so mit kochendem Wasser füllen, daß das Wasser bis einen Zentimeter unterhalb des Förmchenrandes geht. 15 Min. köcheln lassen. Das Wasser darf nur Blasen werfen, aber nicht sprudeln. Wenn sich die Masse in den Förmchen gefestigt hat und vom Rand löst, stellt man sie kalt.

Die zweite Rahmportion wird gesalzen, steif geschlagen und zur Hälfte mit Tomatenmark, zur Hälfte mit dem Meerrettich vermischt.

Die erkalteten Köpfchen werden einen Moment in heißes Wasser gehalten (aber so, daß das Wasser den Inhalt nicht berührt), auf einen Teller gestürzt, mit dem zweifarbigen Rahm, einigen Dillspitzen und Zitronenschnitzen garniert.

Klare Ochsenschwanzsuppe (Oxtail soup)

50 g	Magerspeck, in Würfel geschnitten
500 g	Ochsenschwanz, in Stücke geschnitten
1	Zwiebel, geschält, besteckt mit
1	Lorbeerblatt
2	Nelken
1 l	Wasser
200 ml	Weißwein
	Salz, Pfeffer
¼	Sellerieknollen, gewaschen, geschält, halbiert
1	Lauchstengel, gewaschen, der Länge nach aufgeschnitten
2	Karotten, gewaschen, geschält, der Länge nach halbiert
4 EL	Sherry oder Madeira
1 EL	Weißweinessig oder Zitronensaft

Den Speck glasig braten, den Ochsenschwanz und die Zwiebel im ausgetretenen Fett ringsum hellbraun anbraten. Mit dem Wasser und dem Wein ablöschen. Salzen. Die Gemüse beifügen. Alles 2 ½ bis 3 Std. köcheln lassen. Über Nacht stehen lassen. Die Fettschicht entfernen. Die Brühe abseihen. Will man sie ganz klar, so zerklopft man zwei Eiweiß leicht mit einer Gabel, gibt diese zur Brühe, kocht einmal auf und seiht nochmals ab. Das Eiweiß hat die Schwebstoffe gebunden.

Das Fleisch kann man als Suppeneinlage verwenden: vom Knochen lösen, in kleine Würfel geschnitten in der geklärten Brühe nochmals aufkochen. Vor dem Servieren Sherry und Essig beigeben, abschmecken.

Lasagne mit Gemüse

Teig:

   200 g *Mehl*
      2 *Eier*
      2 *Eischalen-Hälften Wasser*
      1 *Prise Salz*

Gemüse:

   200 g *roten Radicchio oder*
   200 g *Wirsing, die Blätter vom Strunk
            entfernt, gewaschen*

Sauce:

      2 EL *frische Butter*
      2 EL *Mehl*
   400 ml *Fleischbrühe*
      2 EL *Weißwein*
            Salz
            Pfeffer
            Muskat
     50 g *Parmesankäse, gerieben*
      2 EL *frische Butter*

Teig: Das Mehl auf eine Arbeitsfläche sieben, die restlichen Zutaten beigeben, alles zu einem festen Teig verarbeiten, diesen ½ Std. kühlstellen, auswallen, in Stücke schneiden, diese in viel Salzwasser 12 Min. kochen. Das Wasser abgießen.

Gemüse: Die Blätter in kochendes, leicht gesalzenes Wasser geben, 8 Min. blanchieren.

Sauce: Die Butter schmelzen, das Mehl darin anschwitzen, mit der Fleischbrühe ablöschen, Weißwein und Gewürze beigeben, 5 Min. köcheln.
Eine Gratinform ausbuttern. Abwechslungsweise eine Lage Teigwaren-Blätter, eine Lage Gemüse-Blätter, eine Lage Sauce usw. einfüllen. Zuoberst Sauce. Den Käse darüberstreuen, alles mit Butterflöckchen bedecken. Im auf 180° C vorgeheizten Ofen 20 Min. überbacken.

Zitronensorbet

    8 Zitronen
400 g Zucker
    4 Eiweiß
    1 l Wasser
    2 Piccolo-Flaschen Sekt oder
       Champagner, trocken

Die Zitronen dünn abschälen, den Saft ausdrücken. Wasser, Zucker und Zitronenschalen aufkochen. Alles erkalten lassen. Die Schalen abseihen, den Zitronensaft beigeben.
Das Tiefkühlgerät auf tiefen Kältegrad (Schockgefrieren) einstellen. Eine flache Schüssel bereitstellen, die im Tiefkühlgerät Platz hat.
Die Eiweiß ganz steif schlagen, unter den Sirup heben. Die Masse in der vorbereiteten Schüssel in den Tiefkühler stellen. Alle 10 Min. gut durchrühren, damit das Sorbet gleichmäßig gefriert. Den Rand der Sektgläser in Zitronensaft, dann in etwas Zucker tauchen.
Mit einem vorher ins heiße Wasser getauchten Suppenlöffel in die Sektgläser Sorbet halbvoll einfüllen, etwas Sekt dazugeben, nochmals Sorbet darübergeben. Mit Löffelbiskuit servieren.
Garnitur: eine an den Glasrand gesteckte Zitronenscheibe.
Dasselbe Sorbet kann man auch mit andern Zitrusfrüchten machen. Bei Grapefruit- und Mandarinensorbet Orangen- oder Zitronenschale verwenden.

Geschmorte Kalbshaxen

    2 Kalbshaxen
    2 EL eingesottene Butter
    2 EL Olivenöl
       Salz, Pfeffer
200 ml herben Weißwein
200 ml Fleischbrühe
    1 Zwiebel, geschält, in Schnitze
       geschnitten
    1 Lorbeerblatt
       abgeriebene Schale einer Zitrone
200 ml Sauerrahm

Öl und Butter heiß werden lassen, das Fleisch ringsum anbraten, würzen, mit dem Wein ablöschen. Diesen Fond einkochen lassen. Flamme kleinstellen, Fleischbrühe, Zwiebel und Lorbeerblatt beigeben. 2 Std. im auf 180° C vorgeheizten Ofen schmoren lassen. Oft begießen. Evtl. noch etwas Wasser beigeben. Nach einer Stunde Bratzeit die Zitronenschale beigeben.
Die Haxen auf einer gewärmten Platte anrichten, den Fond durchpassieren, mit dem Sauerrahm vermengen. nochmals heiß werden lassen. Etwas davon über dem Fleisch anrichten, den Rest in einem heißen Pfännchen dazu servieren. In Butter gedämpftes Gemüse und Kartoffelbrei passen am besten dazu.
(Bildseiten 94/95)

Marmorierte Mousse au Chocolat mit Orangensauce

dunkle Mousse:
       150 g *Crémant-Schokolade (zartbittere Schokolade)*
         1 *Ei*
      1 EL *Puderzucker*
    150 ml *Rahm (süße Sahne)*

helle Mousse:
       150 g *weiße Schokolade*
         1 *Ei*
      1 KL *Puderzucker*
    150 ml *Rahm (süße Sahne)*

Orangensauce:
           Schale einer Orange ohne das Weiße, in ganz feine Streifen geschnitten
    200 ml *Orangensaft*
      3 EL *Cointreau oder Napoléon à l'Orange oder Grand Marnier*
      4 EL *Orangenkonfitüre*

Für die dunkle Mousse die Schokolade zerbrökkeln, im Wasserbad schmelzen (aber nicht heiß werden lassen!). Ei und Zucker mit dem Schwingbesen gut verrühren, zur Schokolade geben und alles zu einer homogenen Masse vermengen. Den Rahm steif schlagen und unter die Masse heben.

Für die helle Mousse geht man genau gleich vor. Abwechslungsweise je die Hälfte dunkle und helle Mousse in eine Schüssel geben. Einmal leicht umrühren. Kalt stellen.

Für die Sauce kocht man die Orangenschale, den -Saft und den Likör während einiger Minuten auf kleiner Flamme und gibt dann die Konfitüre bei.

Mit heißem Löffel eiförmige Portionen abstechen. Sauce separat dazu servieren.

(Rezept ohne Bild)

Weihnachtsbrote und Stollen

In Österreich gibt es eine Sage, die von den Weihnachtsbroten handelt:

Die Bäuerin hatte eben Brotlaibe geformt und auf ein langes Brett gesetzt, einen Laib neben den anderen. Dann trug sie das Brett hinaus zum Backofen, in dem sie vor fast zwei Stunden mit Wellen aus dem Wald ein gewaltiges Feuer entfacht hatte. Sie setzte das Brett ab, öffnete die Tür des Ofens. Hitze schlug ihr entgegen. Das Holz war heruntergebrannt und zu glühender Kohle geworden, einem rotweißen Kohlenberg, der dort, wo die frische Luft durch die offene Tür hinkam, hell aufleuchtete. Sie nahm den Schieber und schob das Ganze nach hinten, dann kehrte sie den Ofen mit einem Besen aus Tannenreis aus und schob nun mit dem Brotschieber einen Laib nach dem anderen hinein. Als der letzte Laib im Ofen war, stellte sie den Schieber weg und schloß die Tür. Und in diesem Augenblick wurde es hell vom Himmel her. Ein warmer Wind blies vom Feld herüber, duftete nach Rosen und nach Jasmin und zugleich hörte man Gesang wie nie zuvor. Leisen, süßen Gesang. Irgend etwas geschah und die Bäuerin erschrak. Vor dem Stall hatte der Bauer eben seine Kühe an den großen Brunnentrog geführt zum Tränken. Der kam herüber gelaufen und rief: «Frieda, was ist das? Geht die Welt unter oder was?»

Und in diesem Augenblick hörten sie die Stimme des Engels: «Fürchtet euch nicht, denn eine große Freude hat sich heute ereignet. In Bethlehem drüben wurde der Messias geboren, der König und Herr. Geht nach Bethlehem. Dort werdet ihr ihn finden. Allerdings nicht in einem Palast, sondern in einem Stall, und er liegt in einer Krippe auf Heu und auf Stroh.»

Der Gesang wurde lauter. Die Bäuerin sagte: «Komm, wir müssen gehen und das Kind suchen.»

Und sie liefen über die Felder durch die Nacht, die erhellt war von einem goldenen Schein vom Himmel her, und das Singen hörte nicht auf und der Wind wehte weiterhin warm, so daß die Vögel zu singen begannen und die Bienen zu summen, und es duftete weiter nach Frühling und Blumen.

Und sie fanden den Stall und sie fanden das Kind und es war alles so, wie der Engel gesagt hatte. Sie standen an der Krippe und sie schauten das Kind an. Das Kind, das war wie alle anderen Kinder, die noch keinen Tag alt sind, und seine Mutter gab ihm die Brust und wickelte es neu und legte es wieder in die Krippe.

Da sagte der Bauer zu der Bäuerin: «Du komm, ich muß gehen, ich hab' die Kühe ja aus dem Stall gelassen. Wer weiß, wo sie hingelaufen sind. Die werden auch erschrocken sein von all dem, was draußen ist.»

«Um Gottes willen», sagte die Bäuerin, «und mein Brot, mein Brot im Ofen, das ist verbrannt.»

Da schaute das Kind den Bauern an und sagte mit klar verständlicher Stimme: «Bauer hab' keine Angst um deine Kühe. Sie sind dort, wo du sie verlassen hast, und sie sollen gesegnet sein, weil du hierher gekommen bist. Sie sollen bewahrt sein vor Krankheit und Schaden und sie sollen viel Milch geben und viele Kälber haben.»

Mutter nahm Mehl, das gute Mehl von der Tante Marie und dann kamen eingeweichte trockene Birnen dazu und Zwetschgen und Rosinen und Nüsse, Walnüsse vom großen Baum auf der anderen Seite der Straße und Honig von den Bienen meines Vetters Sepp und ein großes Glas Schnaps vom Onkel Karl.
Und dann vereinigten ihre Hände, was ein ganzes Jahr geschenkt hatte.

109

Dann schaute das Kind die Bäuerin an: «Auch du, Bäuerin, sollst keine Angst haben wegen deinem Brot. Und es soll gesegnet sein und wer davon ißt, soll beschützt sein vor Krankheit.»

Da gingen der Bauer und die Bäuerin heim und sie fanden alles so, wie das Kind gesagt hatte. Als die Kühe ihren Herrn sahen, trotteten sie von selbst in den Stall, und als die Bäuerin – ein Rest Angst um ihr Brot war doch geblieben – den Ofen öffnete, da waren die Brote schöner und besser als je zuvor. Und seit dieser Zeit ist das Weihnachtsbrot in besonderer Weise gesegnet.

Man glaubte früher, daß das Weihnachtsbrot weder verdirbt noch verschimmelt, und man aß davon gegen Krankheiten, vor allem wenn in der Christnacht Tau daraufgefallen war.

Bauern im Kraichgau nahmen früher ein Stück Brot in die Christmette mit, das nach der Rückkehr an die Hausgenossen verteilt wurde.

In manchen Gegenden hat man den Anschnitt des Weihnachtsbrotes über das ganze Jahr als Segen und Schutz für das Haus aufbewahrt. Gemeinsam mußte das Weihnachtsbrot gegessen werden, von allen, die im Haus waren. Wer zu spät zum Essen kam, der zog Unheil auf sich und wer fehlte, der würde im kommenden Jahr sterben, so glaubte man. Der Bauer segnete das Brot, indem er mit dem Messer drei Kreuze auf die flache Unterseite des Brotes machte, wie es bei uns daheim bis heute beim täglichen Brotanschneiden üblich ist, schnitt es an und verteilte die Scheiben nach der sozialen Ordnung der bäuerlichen Familie: an die Bäuerin, die Söhne, dem ältesten zuerst, die Töchter, die Knechte, nach Funktion und Alter die Mägde.

Miteinander das Brot essen als Ausdruck der Gemeinsamkeit der Familie. Das Brot, das war der Ausdruck dessen, was die Familie in gemeinsamer Arbeit hervorgebracht hatte in einem Jahr der Arbeit. Es essen, das war wie eine Art Kommunion.

Und sogar die Tiere bekamen ihren Teil davon. Der Hofhund ein Butterbrot mit etwas Salz, damit er das ganze Jahr wachsam war, und die Kühe Brot und Äpfel, damit sie das Jahr über gute und sahnige Milch gaben.

Weihnachtsbrot hat die Bäuerin im Frühjahr auf dem Pflug zerschnitten. Die eine Hälfte bekam der Pflüger, die andere Hälfte wurde an die zwei Zugtiere verteilt.

Und beim Aussäen der Frühjahrssaat wurde das trocken gewordene Weihnachtsbrot zerrieben und mit den Körnern auf dem Feld ausgestreut.

So viel Kraft hatte das Weihnachtsbrot, daß die Bäuerin nach dem Kneten des Teiges mit ihren verschmierten Händen in den Garten ging, die Stämme der Obstbäume streichelte und dabei sagte: «Baum, Baum, bring viele Frücht», Segen für das kommende Jahr.

Aus dem Mehl aller Getreidesorten, die auf dem Hof angebaut werden, mußte das Weihnachtsbrot gebacken werden, und vor allem mit dem Mehl, das aus den Körnern der letzten Garbe, der heiligen Garbe, gemahlen worden war.

Die letzte Garbe gibt es natürlich im Zeitalter des Mähdreschers nicht mehr. Längst haben wir vergessen, welche Gabe das tägliche Brot ist, wie wenig selbstverständlich es ist, genügend Brot zu haben. An Weihnachten bekamen früher die Knechte und Mägde des Hofes einen ganzen Laib Brot für sich allein, mit dem sie machen konnten, was sie wollten, während sie sonst beim Essen ihre Brotscheiben zugewiesen bekamen.

Weihnachtsbrot, das ist zunächst und in erster Linie das gewöhnliche Brot, das für die Weihnachtstage gebacken wurde. Daneben aber gibt es an Weihnachten auch das festliche Brot, aus dem weißesten Mehl, mit Milch angerührt und mit Hefe als Treibmittel. Es hat vielfältige Formen, die ihm den Namen Gebildbrot eingetragen haben. Da gibt es Zöpfe, Kränze, Sterne, Hasen, Brezeln und Männer und Frauen, die Dambedeis. Die vielfältigen Weckenformen nicht zu vergessen.

Die Krönung aber sind die Stollen, die Strietzel, die Lebkuchen. Und die ganze Fülle des Weihnachtsgebäcks: die Pfeffernüsse, die Leckerle, die Printen, die Springerle, die Schwabenbrötle und und und ... Weihnachten ist auch das hohe Fest des Backens. Kein anderes Fest kennt eine solche Fülle an Quantität und Qualität, was das Backen betrifft. Aber warum das alles am 25. Dezember und an dessen Vorabend?

Die Christen feiern an Weihnachten die Geburt ihres Gottes. (Was feiern eigentlich die Nicht-Christen, die vielen, für die Christentum dunkler Aberglaube ist, dummes unwissenschaftliches Zeug, und die doch jedes Jahr wieder ab Mitte November sich von der Werbung Weihnachten einreden lassen?).

Wann wurde Christus geboren? Natürlich ist man geneigt zu sagen, am 24. Dezember des Jahres 0. Aber da war doch etwas mit dem Stern. Diese seltsame Erscheinung am Himmel, daß Jupiter und Saturn ganz nah beieinander standen. Jupiter, der Stern der Könige, und Saturn, der Stern der Juden. Astronomen haben als Termin für diese Konstellation das Jahr 7 v. Chr. ausgerechnet. Also am 24. Dezember des Jahres 7 v. Chr.?

Wieder falsch. Erst 354 n. Chr. hat die Kirche das Fest von Christi Geburt auf den 24. Dezember gelegt. Mag sein, daß da eine Tradition war, eine mündliche Überlieferung, die nach allem, was man inzwischen weiß, oft bedeutend zuverlässiger sind, als die Historiker gerne glauben möchten. Aber ob 24. Dezember oder irgendein anderer Termin, der 24. Dezember stimmt natürlich deswegen, weil er nach der Sonnenwende liegt, der Wintersonnenwende, nach der längsten Nacht am 21. Dezember, an dem bekanntlich das Fest des heiligen Thomas ist, des Zweiflers, der nur glauben wollte, was er sah, was seine Hand spürte («ob nach dieser langen Nacht die Sonne wieder kommen wird?»). Um diese Zeit wurde bereits von den Germanen ein Fest gefeiert. Das Getreide ist gedroschen, das Bauernjahr ist endgültig zu Ende, und doch fängt schon wieder ein neues Jahr an. Die Sonne hat den tiefsten Punkt überschritten, es geht wieder aufwärts. Sie haben ein großes Fest gefeiert, ein Fest aus der Fülle. Früher hat man gesagt, wer an Weihnachten nicht aus der Fülle feiern kann, der wird im nächsten Jahr hungern, denn die schwere Zeit des Winters kommt ja erst. Und bis zur nächsten Ernte ist es noch lang. Könnte es sein, daß es sozusagen zum Urbedarf des Menschen gehört, einmal im Jahr ein besonderes Fest zu feiern, einmal im Jahr eine Zeit zu haben, die herausgenommen ist aus dem Alltag, anders als Urlaub, anders als der Geburtstag. Ein Fest, das man in der Familie feiert, das man mit den Kindern feiert, Weihnachten eben, unabhängig von seinem religiösen Sinn. Das germanische Erbe der Weihnacht findet gerade in den Gebildbroten seinen Ausdruck. Da sind z. B. hakenkreuzförmige Gebildbrote und die haben mit Neonazismus gar nichts zu tun. Es gibt rechtsläufige und linksläufige Hakenkreuze, wobei das Hakenkreuz nichts anderes ist als die über den Himmel ziehende Sonne. Die Sonne aber geht im Osten, also links, auf und geht nach Westen, also nach rechts. Es ist die gleiche Richtung, in der wir z. B. lesen und schreiben.

C. G. Jung, der große Psychologe, hat schon in den dreißiger Jahren darauf hingewiesen, daß das Hakenkreuz der Nationalsozialisten von rechts nach links läuft, vom Licht ins Dunkel, daß es ein Zeichen des Unheils sei, so wie die schwarze Katze, die von rechts nach links über den Weg läuft.

Die hakenkreuzförmigen Gebildbrote sind die lebensspendende Sonne, und die Hasen, das sind Symbole der Fruchtbarkeit, und die Wecken haben entweder die Form weiblicher oder männlicher Genitalien, sind Symbole der Fruchtbarkeit.

Da ist die geheimnisvolle Brezel, durch die man die Sonne gleich dreimal sehen kann und die, wenn ich es recht sehe, die ewige Wiederkehr und Verschlungenheit der Zeit bedeutet.

Da ist der Kranz, der als Ring den ewigen Kreislauf der Natur bedeutet, den ewigen Kreislauf, die ewige Wiederholung, die endlose Zeit. Da ist der Zopf, bei dem sich die ewige Dreiheit von Materie, Raum und Zeit zu einer Einheit verflechten.

Brote, Gebildbrote vor allem, können auch Opferbrote sein, können die Form z.B. von Tieren haben, die man nicht opfern will oder nicht opfern kann.

Auch die Model für Lebkuchen und Springerle zeigen die unterschiedlichsten Motive, die mit dem christlichen Weihnachten wenig, wohl aber mit uraltem Fruchtbarkeitszauber, zu tun haben. Beim Opfersinn liegt auch der Grund, warum z.B. das Weihnachtsbrot aus dem Mehl aller Getreidearten, die auf dem Hof angebaut werden, gebacken wird und warum der Birewecke oder das Hutzelbrot überhaupt alles enthält, was das vergangene Jahr gebracht hat: Getreide und Nüsse und Zwetschgen und Birnen und Trauben und Kirschwasser und Honig, der wie nichts anderes den Fleiß eines Jahres zu repräsentieren vermag.

Honig ist aber auch in einer anderen Hinsicht bemerkenswert: eine lange Zeit der Geschichte war Honig das einzige Mittel zum Süßen außer eingedicktem Fruchtsaft, z.B. aus Trauben. Vielleicht vor 500 Jahren kam ganz allmählich Zucker auf. Zunächst als Rohrzucker aus dem Orient und dann aus Südamerika, kostbar und teuer. Erst seit dem 19. Jahrhundert gibt es preiswert und in Mengen den Zucker der Zuckerrüben. Davor aber, in der Antike und im Mittelalter, gab es nur den Honig.

Honigbrot ist eine lebendige Erinnerung an die Rolle des Honigs vor dem Aufkommen des Zuckers (mit Butter bestrichen oder einfach so: welche Köstlichkeit! Ich liebe Honigbrot!!!).

Die Ägypter haben vor 3000 Jahren schon Honigbrot gebacken, die Römer und die Griechen nach ihnen.

Und dann die Mönche in den Klöstern des Mittelalters. Sie haben viel Honig gebraucht, nicht nur zum Kochen und Backen, auch um den köstlichen Met zu brauen.

Und die Mönche waren es auch, die die Lebkuchen erfunden haben. Lebkuchen, das ist Honigbrot mit feinen Gewürzen: Zimt und Nelken und Kardamom und Muskatnuß und Ingwer und Piment. Und an Weihnachten, da haben sie die Lebkuchen verschenkt. Nun muß man sich vorstellen, daß man bis in die Neuzeit Gewürze nicht ohne weiteres kaufen konnte. Sie waren teuer und rar.

Kaufleute wie die Fugger machten mit dem Gewürzhandel riesige Geschäfte. Und ein altes Schimpfwort für Kaufleute lautet nicht umsonst «Pfeffersäcke». Für den Gegenwert eines Pfundes Muskatblüte (Macis) konnte man zu Zeiten ein gutes Reitpferd kaufen. Aus diesem Grund wurden die Lebkuchen, die arm und reich aus den Klöstern geschenkt erhielt, nicht einfach gegessen, sondern man hat sie getrocknet, zerstoßen und als Gewürz verwendet in den Küchen.

Und die Erinnerung daran ist noch nicht ganz tot. Zu einem Karpfen nach polnischer Art gehören unbedingt Lebkuchen, um die bittere Biersoße zu würzen und zu binden.

Eines Tages wollten Kathrin und ich im Tessin, mitten im Sommer, «Karpfen nach polnischer Art» ausprobieren. Aber wir bekamen keine Lebkuchen. Die gab es einfach nicht im Tessin und schon gar nicht im Sommer. Wir haben alle Gewürze an den Karpfen getan, die ein Lebkuchen enthält, und eine Art Honigbrot dazu. Aber es wurde einfach nichts. Ohne Lebkuchen kein «Karpfen polnisch». Wie zu einem ordentlichen «Sauerbraten nach rheinischer Art» Lebkuchen ebenso gehört, wie zu einer perfekten Wildsoße. Aachener Printen, Pfeffernüsse, Spekulatius und Basler Leckerle und die vielen anderen Lebkuchenvariationen folgen der Tradition dieser klösterlichen Lebkuchen, von denen die Krönung ohne Frage der «Elisenlebkuchen» aus Nürnberg ist. Daß Nürnberg die Lebkuchenstadt schlechthin geworden ist, hat natürlich auch etwas damit zu tun, daß Nürnberg neben Augsburg das Handelszentrum Deutschlands für Gewürze war.

Ein Weihnachtsbrot ragt bei uns in Deutschland aus allen anderen hervor, wird nur an Weihnachten gegessen und ist ein Symbol dessen, was man mit dem Begriff «Deutsche Weihnacht» umschreibt: der Christstollen. Im 14. Jahrhundert ist von ihm zum erstenmal zu lesen. Man sagt, die besondere Form des Christstollens bedeutet das in Windeln gehüllte Christkind.

Üppig sind die Zutaten: viel Butter und Mandeln und Gewürze. Mindestens zwei Wochen soll er lagern, so sagt man, damit er seinen vollen Wohlgeschmack erreicht. Die Dresdner Bäcker haben übrigens früher ihrem König jedes Jahr eine Christstollenprobe überreicht. Im Jahr 1902 war diese «Probe» eineinhalb Meter lang und sechsunddreißig Pfund schwer. Welche Pracht, welche Fülle, welcher Reichtum.

Und damit ist der Christstollen auch ein Teil jenes Zuviel, das man heutzutage angesichts des üppigen Essens an Weihnachten empfindet. Das war nicht immer so. In den bescheidenen Verhältnissen, in denen noch unsere Urgroßeltern lebten, war es etwas besonderes, sich satt zu essen und auch noch mit guten Dingen. Die letzte Hungersnot liegt in unseren Breiten kaum 150 Jahre zurück. Auf dem Speicher eines alten Schulhauses im Kaiserstuhl habe ich Aufzeichnungen gefunden aus der Zeit um 1840, in denen davon die Rede war, daß die Gemeinde täglich eine Suppe kochen ließ für die hungernden Leute. Und das in einem Bauerndorf!

Auch in der westlichen Kirche gab es früher, wie heute noch in der Ostkirche, eine 40tägige Fastenzeit vor Weihnachten. Sie begann mit Martini, dem Fest des hl. Martin am 11. November. Damit hatte die fette Martinsgans ihre Berechtigung. Sie war die letzte Fleischnahrung vor dem Fasten.

Und das gute Essen von Weihnachten war sozusagen die Belohnung für vierzig Tage Enthaltsamkeit von Fleisch und Fett, Alkohol und Sattessen.

Mancher mag jetzt denken wie ich, daß solche Fastenvorschriften auch heute ganz gut wären. Nun kann es ja jeder ohne weiteres auch ohne Vorschrift probieren, von Martini bis Weihnachten zu fasten. Leider weiß ich aus enttäuschender Erfahrung, wie schwer es ist, so einen Vorsatz zu verwirklichen. Kirchliche Gebote sind halt schon eine rechte Stütze! Aber vielleicht wäre auch die Rückkehr zu den einfachen Formen des Festefeierns unserer Großeltern recht nützlich.

Von meiner Mutter weiß ich, wie im Haus meiner Großeltern, droben im Leimbach, Weihnacht gefeiert wurde. Natürlich gab es einen Christbaum. Am Christbaum hingen die späten roten Äpfel, die meine Mutter «Mathiskracher» nannte, offenbar Matthiasäpfel. Sie wurden mit Speckschwarten abgerieben, daß sie schön glänzten. Und es gab ein paar Süßigkeiten, die am Baum hingen, und natürlich waren Kerzen aufgesteckt.

Lieder wurden gesungen. «Es kam die gnadenvolle Nacht» und «Oh du fröhliche». Dann betete die Familie den «freudenreichen» Rosenkranz. Das Hutzelbrot wurde angeschnitten. Für die Kinder gab es Malzkaffee dazu, für die Erwachsenen ein Glas Wein, vom «guten». Man saß auf der warmen Kunst, und der Urgroßvater erzählte Geschichten von früher. Geschenke? Geschenke gab es auch. Es waren praktische Dinge, die man sowieso gebraucht hätte: Strümpfe, Unterwäsche, Handschuhe, Mützen. Das Weihnachtsessen war das übliche Schäufele mit Kartoffelsalat. Das Hutzelbrot, der Birewecke durfte vor Weihnachten nicht angeschnitten werden, «sonst bekommt man Eselsohren», sagte die Großmutter.

Hutzelbrot hat meine Mutter jedes Jahr gebacken. Das war eine Tradition, die auch meine Frau weiterführt. Nur, das gab es und gibt es an Nikolaus. Am Nikolausabend essen wir Hutzelbrot, trinken Schokolade dazu. Schokolade trinken wir sonst nie! An Weihnachten gab es daheim einen Gugelhupf, fürs Frühstück. «Weil man sonst beim Mittagessen keinen Hunger hat!» hat Mutter gesagt, wenn ich den zaghaften Wunsch geäußert habe, auch einmal Christstollen am Weihnachtsmorgen zu essen. Und wenn man beim mittäglichen Feiertagsessen an Weihnachten keinen Hunger gehabt und nicht richtig zugelangt hätte bei Sauerbraten und selbstgemachten Nudeln, dann wäre Mutter die Weihnachtsfreude verdorben gewesen. Und welcher brave Sohn will das! Also Gugelhupf!

Der eigentliche Festtagskuchen war, wie könnte es anders gewesen sein, eine Linzertorte. Nein, nein, Mutter hat schon vier oder fünf auf Weihnachten gebacken. Aber angeschnitten hat Mutter nur die eine, die anderen wurden wohlversorgt für allfällige Besuche in der Weihnachtszeit und an Neujahr aufgehoben. Ein Glas Wein gab's dann dazu. Zu Linzertorte trinkt man Wein! Kaffee zu Linzertorte zu trinken, ist in den Augen eines rechten Schwarzwälders eine Degenerationserscheinung, an der man erkennt, daß es mit der Welt demnächst zu Ende geht.

Festtags-Kuchen und -Torten

Weihnächtliche Linzertorte

        150 g *frische Butter*
        150 g *Zucker*
            1 *Ei*
            1 *Msp. Zimt*
            1 *Prise Salz*
            1 *Msp. Nelkenpulver*
        2 EL *Kirschwasser*
        150 g *Mandeln, gerieben*
        150 g *Weißmehl (1)*
         50 g *Weißmehl (2)*
Füllung:
            1 *Tasse Johannisbeer- oder*
              Himbeerkonfitüre
            1 *Eigelb*

Die zimmerwarme Butter schaumig rühren, Zucker und Ei beigeben, 10 Min. rühren. Nach und nach die übrigen Zutaten beigeben, zuletzt das Weißmehl über den Teig sieben. Gut vermengen, 1 Std. zugedeckt kaltstellen.
Eine Springform ausbuttern. ⅔ des Teiges ca. 1 cm dick auf den Boden flach ausdrücken. Am Rand ca. 1 cm hoch aufstehen lassen. Den restlichen Teil mit der zweiten Mehlmenge vermischen und ca. ½ cm dick auswallen. Mit einem Förmchen Herzen oder Sterne ausstechen. Den Teigboden mit der Konfitüre bestreichen, die Herzchen oder Sternchen dicht an dicht am Rand und locker über die Füllung legen. Mit dem Eigelb bestreichen. Im auf 180° C vorgeheizten Ofen ca. 50 Min. backen. Vor dem Servieren mindestens drei Tage lang lagern.
(Bildseiten 108/109)

Plumcake

        150 g *Sultaninen*
        150 g *Weinbeeren*
        100 g *Korinthen*
        6 EL *Rum*
         75 g *Orangeat, gewürfelt*
         75 g *Zitronat, gewürfelt*
         50 g *Kirschen, kandiert, gewürfelt*
        250 g *Butter*
        200 g *brauner Zucker*
            4 *Eier*
         50 g *Mandeln, geschält, in Stifte*
              geschnitten
              abgeriebene Schale einer Zitrone
              abgeriebene Schale einer Orange
            1 *Prise Salz*
        ¼ KL *Kardamom*
        ¼ KL *Zimt*
        ¼ KL *Koriander*
        ¼ KL *Nelkenpulver*
        ¼ KL *Muskatblüten*
        ¼ KL *Ingwer*
        350 g *Mehl*
            1 KL *Backpulver*

Sultaninen, Weinbeeren und Korinthen über Nacht in Rum einweichen. Die übrigen Früchte dazugeben. Die zimmerwarme Butter und den Zucker 10 Min. rühren. Ein Ei nach dem andern dazurühren. Mandeln, die Fruchtschalen und die Gewürze beigeben. Das Mehl und das Backpulver darübersieben. Zuletzt die Beeren und Früchte dazumischen. Alles in eine mit Backpapier ausgelegte, 30 cm lange Cakesform füllen. Im auf 180° C vorgeheizten Ofen 40 Min. backen. Die Temperatur auf 150° C reduzieren. Weitere 30 Min. backen. Auskühlen lassen, in Folie verpackt mindestens 4 Wochen im Kühlschrank lagern.
(Bildseiten 108/109)

Früchtebrot
(die angegebene Menge ergibt zwei Brote)

- 300 g getrocknete Birnen, am besten Speckbirnen
- 150 g getrocknete Zwetschgen ohne Stein
- 150 g getrocknete Feigen
- 1 l Wasser
- 5 EL brauner Zucker
- 1 kg Ruchmehl (Weizenmehl Typ 1050)
- 1 ½ Hefewürfel (60 g)
- 4 EL Wasser
- 1 KL Salz
- 150 g Weinbeeren
- 4 EL Kirschwasser
- 150 g Mandeln oder Haselnüsse
- 30 g Orangeat
- 30 g Zitronat
- ½ KL Zimt
- 2 Msp. Nelkenpulver

Die Früchte über Nacht im Wasser einweichen. Im Einweichwasser mit dem Zucker einige Minuten köcheln. Abseihen. Das Wasser zurückbehalten. Die Hefe im Wasser auflösen. Das Mehl in eine Schüssel sieben. In der Mitte des Mehls eine Vertiefung machen. Das Hefe-Wasser-Gemisch hineingeben, etwas Mehl darunterrühren. 15 Min. stehen lassen. Das Salz dem Schüsselrand entlang streuen. Dann nach und nach die Hälfte der Brühe und eventuell noch etwas Wasser dazu geben und einen festen Teig kneten. Diesen Teig zu einer Kugel formen und in einer mit einem feuchten Tuch zugedeckten Schüssel an einem warmen Ort 2 Std. aufgehen lassen. Unterdessen die Weinbeeren mit dem Kirschwasser beträufeln. Die Nüsse grob hakken. Die getrockneten, gekochten Früchte kleinschneiden. Den aufgegangenen Teig gut durchkneten. Nach und nach alle Zutaten dazumischen. So lange kneten, bis alles gleichmäßig im Teig verteilt ist. Den Teig wieder zu einer Kugel

formen, in zwei gleich große Stücke zerschneiden. Diese zu länglichen Laiben formen und auf einem mit Backpapier ausgelegten Blech an einem kühlen Ort über Nacht ruhen lassen. Anderntags so lange in die Wärme stellen, bis der Backofen auf 180° C vorgeheizt ist. Die Laibe mit der Früchtebrühe bestreichen und 1 – 1 ¼ Std. backen. Noch heiß nochmals mit Brühe bestreichen. Erkalten lassen. In feine Scheiben geschnitten servieren. Als allerhöchsten Weihnachtsluxus streicht man noch etwas frische Butter darauf.
(Bildseiten 108/109)

Weihnachts-Stollen
(die angegebene Menge ergibt 2 Stollen)

- 1 Hefewürfel (40 g)
- 4 EL Wasser
- 500 g Weißmehl
- ½ KL Salz
- 150 g Butter
- 150 ml Milch
- 2 EL Rahm (Sahne)
- 80 g Zucker
- 1 EL Rosenwasser
  die ausgekratzten Kerne einer halben Vanilleschote
- 200 g Rosinen
- 100 g Orangeat
- 100 g Zitronat
- 100 g Mandeln, geschält, gehobelt
- 10 Bittermandeln, gehobelt

zum Bestreichen: 2 EL frische Butter
zum Bestreuen: 3 EL Puderzucker

Die Hefe mit dem Wasser verrühren. Das Mehl in eine Schüssel sieben. In der Mitte des Mehls eine Vertiefung machen, das Hefe-Wasser-Gemisch hineingeben. Etwas Mehl dazurühren. 15 Min. stehen lassen. Das Salz dem Schüsselrand

entlang beigeben. Die zimmerwarme Butter mit dem Mehl vermengen, Milch, Rahm, Vanille, Rosenwasser und Zucker dazugeben. Alles zu einem festen Teig kneten. Mit einem feuchten Tuch bedeckt an einem warmen Ort 2 Std. aufgehen lassen. Den aufgegangenen Teig nochmals gut durchkneten. Die Früchte und Nüsse dazugeben. Kneten, bis diese gleichmäßig im Teig verteilt sind. Den Teig halbieren. Jedes Teigstück zu einer Kugel formen und mit dem Wallholz zu einem tellergroßen ca. 1 cm dicken Fleck auswallen. In der Mitte mit dem Wallholz eine Mulde eindrücken und den Teig knapp zur Hälfte überschlagen. Mit einem feuchten Tuch bedeckt ¾ Std. aufgehen lassen, während 20 Min. an die Kälte stellen. Den Backofen auf 180° C vorheizen. Die kalten Stollen mit flüssiger Butter bestreichen, 50 – 70 Min. backen. Dabei mehrere Male mit Butter bestreichen. Erst vor dem Zerschneiden mit Puderzucker bestreuen.
(Bildseiten 108/109)

Schwarzwälder Kirschtorte

Teig:
    6 Eier
7 EL Zucker
        ausgekratzte Kerne einer
        Vanilleschote
2 EL Kakaopulver
3 EL Mehl
3 EL Maizena oder Mondamin
    2 gestrichene KL Backpulver
Füllung:
    1 Tasse eingemachte Sauerkirschen,
        abgetropft
1 EL Kirschwasser (1)
5 Blatt Gelatine
½ l Rahm (süße Sahne) (1)

2 EL Zucker
2 EL Kirschwasser (2)
¼ l Rahm (süße Sahne) (2)
200 g Schokoraspeln
(Bildseiten 108/109)

Teig: Boden einer Springform mit Backpapier belegen, den Rand mit einem Streifen Backpapier auskleiden. Eigelb und Zucker schaumig rühren. Vanille und Kakao beigeben. Mehl, Maizena und Backpulver darübersieben. Alles vermengen. Eiweiß ganz steif schlagen. Unter den Teig heben, diesen in die Form füllen, glattstreichen. Im auf 180° C vorgeheizten Ofen 30 Min. backen. Über Nacht auskühlen lassen. In drei Teile teilen: Seitlich und hinten in 1/3 und 2/3 der Höhe 1 cm tiefe Querschnitte anbringen, einen starken Faden durch diese Schnitte rings um die Torte legen, kreuzen, zusammenziehen (Abb. 1). Der so abgetrennte obere Kuchenteil wird umgedreht und dient als Boden (Abb. 2). Mit Kirschwasser (1) beträufeln, Sauerkirschen darauf legen. Gelatine in kaltem Wasser einweichen. Rahm steif schlagen, Zucker beigeben. Gelatine im Wasserbad auflösen, Kirschwasser (2) beigeben, 3 EL des geschlagenen Rahms unter die Gelatine rühren, alles unter den restlichen steifen Rahm heben. 1/3 davon auf die Kirschen geben (Abb. 3). Mittleren Boden darauf legen, gleich wie vorher verfahren, letzten Boden mit der Unterseite nach oben darauflegen. Restlichen Rahm ringsum und auf der Oberfläche verstreichen (Abb. 4). Über Nacht kaltstellen. Schokoraspeln darauf verteilen (Abb. 5), mit Sahnerosetten und Kirschen verzieren (Abb. 6).

Südfrüchte

Meine Mutter hat Oraschen gesagt. «Willsch e Orasch», fragte sie den kleinen Werner. Es gab sie nur an Weihnachten, Orangen. Sie gehörten zu Weihnachten wie Ostereier zu Ostern und die Linzertorte zu beiden.

Sie lagen als etwas besonderes unter dem Christbaum wie die Weihnachtsbrötle.

1939 wahrscheinlich zum letzten Mal. Und so wurden sie für mich zusammen mit den Bananen zum Inbegriff des Friedens. Es war 1948 oder '49, als ich zum ersten Mal wieder in die Schweiz, nach Basel, kam. Und in Basel, fünfzig Meter hinter der Grenze, da hat es nach Orangen geduftet und nach Bananen und nach frisch gebranntem Kaffee. So riecht Frieden. Ich sag es Ihnen, denn wahrscheinlich haben Sie den ärmlichen Mief von Krieg und Not nie gerochen. Frieden riecht nach frisch gebranntem Kaffee, nach Bananen und Orangen, vor allem nach Orangen. Geschichte sozusagen olfatorisch, geruchsmäßig. Von der Nase her betrachtet war sogar das Kriegsende erlebbar. Und zwar an zwei Dingen festgemacht. Das eine war der Geruch von Zigaretten. Kriegsende, das bedeutete den Duft amerikanischer Zigaretten, die damals stark parfümiert waren, weiß der Himmel, mit welchen Ingredienzien. Nie mehr haben Zigaretten gerochen wie diese. Vielleicht brauchte dieser Duft auch nur den Hintergrund unserer grausigen Kriegszigaretten, deren Tabak wir in Vorgärten zogen und mit dem Saft von getrockneten Zwetschgen zu fermentieren versuchten. Aber das ist ein anderes Thema. Vielleicht werden wir irgendwann einmal auch davon schreiben. Die Sieger rauchten diese herrlich duftenden Zigaretten, und überhaupt rochen die Sieger vollständig anders als die Besiegten. Schließlich hatten sie wunderbare parfümierte Seifen («Je reviens»), um sich zu waschen, während unsere Kriegsseifen aus einem grünlichen Sandblock bestanden, der nach Unschlitt und Nitrophenol roch. (Wissen Sie wie Nitrophenol riecht? Ganz einfach nach Bittermandel. Heutzutag riechen die Geruchssteine in Pissoires so.) Aber zurück zu unserem Thema.

Zitronen spielten gegenüber den Orangen keine solch emotionale Rolle. Die bekam man halt oder man bekam sie nicht. Die lieferte auch im Krieg Italien, das Land, wo die Zitronen blühen, und Italien, das war ja mit Deutschland verbündet – wenigstens bis 1943!

Mutter brauchte Zitronen zum Kuchenbacken, aber auch für den heißen Zitronensaft, den das Wernerle trinken mußte, wenn es wieder einmal erkältet war und Fieber hatte.

Wieder anders war es mit den Grapefruits. «Krabfrutt», wie meine Mutter sagte. In den Jahren vor dem Krieg fuhren abwechslungsweise in einem Jahr meine Mutter, im anderen Jahr mein Vater mit mir für acht Tage nach Bern zur Schwester meiner Mutter, die dort verheiratet war. Irgendwann, vielleicht 1936 oder 1937, bekam ich eine solche «Krabfrutt» zu essen. Sie war halbiert und gezuckert und meine Mutter zeigte mir, wie man sie auslöffelte. Mir hat das großen Eindruck gemacht, und ich erzählte allen meinen Freunden, ich hätte in der Schweiz etwas ungeheuer Luxuriöses zu essen bekommen: «Krabfrutt».

Man muß sich dabei vergegenwärtigen, daß dies eine Zeit war, wo die Bürger des deutschen Reiches nur mit ein paar wenigen Mark ins Ausland reisen durften. Ich meine, es waren 15 Mark. Das war wenig, obwohl das Wechselverhältnis zum Schweizer Franken bedeutend besser und die Preise in der Schweiz bedeutend niedriger waren als heute. Dafür ging es den Schweizern schlecht. Die dreißiger Jahre waren eine Zeit der Rezession. Es gab in der Schweiz viele Arbeitslose. Die wirtschaftlichen Nachwirkungen der Weltwirtschaftskrise klangen in der Schweiz viel langsamer ab als in Deutschland, wo die Aufrüstung Vollbeschäftigung schuf und einen bescheidenen Wohlstand.

Den Verwandten in der Schweiz ging es nicht sonderlich gut, und so war meine Mutter zu ungewöhnlichen Maßnahmen gezwungen. Sie hat in ihr Korsett Markscheine eingenäht, um sie zu schmuggeln. Mit viel Angst und viel Herzklopfen. Aber das nur am Rande erzählt wegen der Grapefruit, die auch für die Schweizer Verwandten etwas Besonderes waren, mir aber als ein Symbol Schweizer Wohlstands und Schweizer Lebensart erschienen.

Aber bleiben wir bei den Orangen. Was sie sein können, das habe ich eines Tages auf Kreta erlebt. Ehe ich sie sah, habe ich sie gerochen. Es war Mai. Das Wetter war schön, wie es sich auf Kreta gehört. Wir fuhren mit dem Wagen zur Südküste, zum libyschen Meer, und plötzlich wehte der Duft durch die offenen Fenster.

Nicht nach Orangen, sondern nach Orangenblüten, was einen Unterschied macht. Und dann waren wir mitten in einem Hain von Orangenbäumen, die zugleich Blüten und reife Früchte trugen: Sommerorangen!

Natürlich haben wir von diesen Früchten gegessen, die sonnenwarm waren und unvergleichlich süß.

Ein Gesamterlebnis: Die Augen schauten sich satt an den goldenen Früchten, und den niegesehenen weißen Blüten, denen die Blätter einen Hintergrund gaben wie dunkelgrüne Seide. Die Nase wurde nicht müde, den Duft zu atmen, und die Zunge genoß die süße Freude. Orangen.

Und weil wir in Griechenland waren, fiel mir Herakles ein, der Sohn des Zeus und der Alkmene, ein Kind göttlicher Liebe zu einer Sterblichen, der größte Held der griechischen Sagenwelt, unsterblich durch seine Taten. Eine seiner größten war, die Äpfel der Hesperiden zu holen. Die Hesperiden, das waren Nymphen, die im äußersten Westen der Welt, zusammen mit dem Drachen Ladon, im Garten der Götter einen Baum hüteten mit goldenen Äpfeln. Die waren das Hochzeitsgeschenk der Gaia, der Göttin Erde, an Hera, die Mutter der Götter. Was für ein Bild, die Erde schenkt goldene Früchte den Göttern!

Herakles ging zu dem Riesen Atlas, der dort am Ende der Welt das Himmelsgewölbe auf seinen Schultern trägt, bat ihn, die Äpfel zu holen.

Während Atlas für Herakles die Aufgabe löste, trug Herakles auf seinen Schultern den Himmel.

Sind die Orangen jene Äpfel der Hesperiden? Vielleicht. Kostbar sind die Orangen in Griechenland und auf Kreta allemal. Goldene Kugeln in den Händen von Göttern und Menschen. Kugeln, Symbole der Vollkommenheit. Kazantzakis, der große Dichter aus Kreta, den die meisten Leute von seinem Roman und mehr noch von dem Spielfilm «Alexis Sorbas» kennen, schreibt, daß es in seiner Heimat üblich war, den Toten im Sarg Orangen in die Hände zu legen, als Lohn für Charon, den Fährmann, der die Seelen über den Fluß Styx hinüberfährt ins Jenseits.

Der deutsche Name für Orange ist Apfelsine. Apfel aus Sina, Apfel aus China. Und es ist wahr, vielleicht seit drei- oder viertausend Jahren werden Apfelsinen und Grapefruits in China angebaut und gezüchtet. In einem Text von 2400 v. Chr. werden beide erwähnt. Daneben gibt es eine ausgedehnte Literatur aus der Zeit vor Christi Geburt, die sich mit dem Anbau von Apfelsinen und der Zucht von Mandarinen beschäftigt.

Im ersten Jahrhundert n. Chr. waren Apfelsinen und Zitronen schon in Rom bekannt. Jedenfalls werden sie auf Wandgemälden in Pompeji abgebildet. Wahrscheinlich hatten Kaufleute, die in jener Zeit gerade neue Handelswege nach dem Fernen Osten gefunden hatten, von dort diese Früchte mitgebracht. Ab dem vierten Jahrhundert n. Chr. gibt es auch schon Darstellungen von Bäumen mit Orangen und Zitronen, mit anderen Worten Orangen und Zitronen wuchsen in dieser Zeit schon im Mittelmeerraum.
Zu uns nach Mitteleuropa wurden Zitronen und Orangen durch die Kreuzfahrer gebracht, und erst nach dem 16. Jahrhundert gab es bei uns auch die ersten Orangenbäumchen. Im 18. Jahrhundert wurde es dann Mode, Orangerien anzulegen als Teil von Barockschlössern, hinter deren hohen Fenstern die kostbaren Kübelpflanzen über den langen Winter gebracht wurden.
Die Bewohner der Schlösser erfreuten sich vor allem am dunklen Grün der Blätter, dem Gelb der Früchte und dem Weiß der Blüten. Nicht anders als ich in jener Orangenplantage von Kreta. Die Früchte aber blieben selbst für die vornehmen Leute in den Schlössern äußerst rare und kostbare Genüsse.

Orangenbäume werden drei bis acht Meter hoch. Die Orangenfrüchte können unterschiedliche Farbe und Form haben. Genauso wie es geschmacklich die verschiedensten Varianten gibt. Unter der Schale der Frucht, die von einem matten Gelb bis Rot alle Schattierungen haben kann, liegt eine hellweiß pelzige Schicht, die man vor dem Verzehr der Früchte entfernen sollte, da sie den Geschmack beeinträchtigt. Aus dieser Haut läßt sich übrigens Pektin gewinnen, das Geliermittel für Konfitüren.
Das Innere der Orange ist in sechs bis zwölf Schnitze unterteilt, in denen es mehr oder weniger viele Kerne gibt. Manche Orangen haben keine Kerne. Das saftige Fruchtfleisch kann gelb bis blutrot gefärbt sein.

Der Geschmack der Orange beruht auf einem hohen Trauben- und Fruchtzuckergehalt, Zitronen-, Apfel- und Weinsäure sowie auf mindestens elf bisher nachgewiesenen Aromastoffen. Die Orange enthält darüber hinaus zahlreiche Mineralstoffe, wie Phosphor und Eisen, sowie rund 14 Vitamine, darunter 40 bis 80 mg Vitamin C auf 100 g Fruchtfleisch. Damit spielt die Orange im Winter eine außerordentlich wichtige Rolle bei der Versorgung mit lebenswichtigen Vitalstoffen. Sie stärkt die Abwehrkräfte gegen Erkältungskrankheiten und ergänzt die einseitige Winterkost unserer Breiten. Gleichwohl ist in anderen Ländern, vor allem den Ländern am Mittelmeer, der Pro-Kopf-Verbrauch an Orangen erheblich höher als bei uns. Einer meiner griechischen Freunde hat mir erzählt, daß er und seine Frau pro Woche mindestens 8 kg Orangen essen. Damit liegt er noch unter dem durchschnittlichen Pro-Kopf-Verbrauch der Griechen.

Auf der Insel Kalymnos, dicht vor der asiatischen Küste, habe ich gelernt, daß man Orangen nur vor Sonnenuntergang essen soll. Danach sollte man nur Mandarinen essen. Dies erschien mir lange Zeit als ein eher absonderlicher Aberglauben des Dodekanes, bis ich in einem hochmodernen wissenschaftlichen Buch über Ernährung und Gesundheit die Anmerkung gefunden habe, der Körper brauche zum Abbau der Fruchtsäuren Zeit, wenn das Stoffwechselgleichgewicht nicht durch die Säure in Unordnung gebracht werden soll.

Es wird ein italienisches Sprichwort zitiert, das da heißt: «Orangen am Morgen ist Gold, am Mittag Silber und am Abend Blei.» Mit anderen Worten, man sollte nicht auf die Nacht Orangen essen wegen der Gefahr der Übersäuerung. Wenn, dann nach dem Rat der Leute von Kalymnos: Mandarinen, die weit weniger Fruchtsäure enthalten als Orangen.
Orangen sollten zimmerwarm sein, wenn man sie ißt, nur dann entfalten sie ihren vollen Geschmack.
Reden wir von den Orangensorten. Etwa 400 sind bekannt. Doch nur 30 davon haben mehr oder weniger wirtschaftliche Bedeutung, selbst diese 30 sind eigentlich nur für den Fachmann interessant.
Vom Angebot auf dem deutschen Markt her, kann man Winter- und Sommerorangen unterscheiden. Winterorangen kommen durchweg aus den Mittelmeerländern in der Zeit von November bis Mai auf unseren Markt. Allerdings geht ihre Einfuhr in den letzten Jahren ständig zugunsten von Clementinen und Satsumas zurück.
Bei Winterorangen kann man Blondorangen und Blutorangen unterscheiden.

Blondorangen:
Seit 1820 gibt es die früheste Orange des Jahres, die Navelorange. Sie ist durch Mutation entstanden, und zwar in Bahia in Brasilien. Die Navelorange hat keine Kerne. Ihr typisches Merkmal ist ihr Nabel, englisch Navel. Der Nabel, d.h. der Ansatz der früheren Blüte, schließt sich nicht, da sich darunter eine zweite kleine, verkümmerte Nebenfrucht entwickelt. Diese Nebenfrucht sollte ursprünglich die Kerne aufnehmen. Inzwischen enthält aber auch die Nebenfrucht keine Kerne mehr.
Die Navelorangen haben ein gelbes, sehr zartes aber aromatisches Fruchtfleisch, man kann sie leicht schälen.
Die bekanntesten Sorten: Washington Navel, Thomson Navel, Navelina.

Neben den Navelorangen spielt eine andere Blondorange eine wichtige Rolle auf dem Markt: die Shamouti oder Ovali des östlichen Mittelmeers. Sie wächst auf Zypern und vor allem in Israel. Sie ist die Hauptsorte der Jaffa-Orangen. Jaffa ist seit 1954 beim Deutschen Patentamt als Warenzeichen für Israelorangen geschützt. (Ähnlich geschützt als Warenzeichen ist die Bezeichnung outspan für Orangen aus Südafrika und Sunkist für Orangen aus Kalifornien.) Die Shamouti hat große Früchte, die Schale ist dick und etwas rauh, die Frucht läßt sich leicht schälen. Sie hat ein helloranges festes Fleisch, das saftig und süßaromatisch ist mit wenigen oder keinen Kernen.

Schließlich muß noch die Salustiana erwähnt werden mit orangefarbenem Fleisch und einem kräftigen süßen Geschmack. Sie kommt aus Spanien und Marokko.

Blutorangen sind von Dezember bis April auf dem Markt. Sie haben im Gegensatz zu den Blond-
orangen einen eher herben und kräftigen Geschmack. Sorten: Sanguinello, eine sogenannte Voll-
blutorangensorte, daneben gibt es Halbblutorangen wie Moro, Tarocco, Washington, Sanguina,
Maltaise.
Die spätesten der Winterorangen heißen Spätfrüchte.
Zu ihnen gehört die bekannteste und meist angebaute Orangensorte überhaupt «Valencia late».
Dies ist die Sorte, die gleichzeitig blühen und Früchte tragen kann. Sie hat ein hocharomatisches
Fruchtfleisch meist ohne Kerne.
Sie ist sehr ergiebig und zum Gewinnen von Saft und Konzentrat geeignet.
Zu den Spätfrüchten gehört auch die «Navelate».
Die Sommerorangen spielen auf unserem Markt keine Rolle, da sie zwischen Mai und November in
Konkurrenz stehen mit unseren eigenen Obstsorten. Und im Bewußtsein des Konsumenten sind
Orangen eigentlich «Winterfrüchte».

Orangen, die vom Baum gepflückt sind, reifen nicht nach, d.h. sie müssen vor dem Versand eine
entsprechende Reife erreicht haben. Die Farbe der Schalen ist übrigens kein Zeichen für Reife. Die
schöne Farbe Orange tritt nur auf, wenn die Früchte Nachttemperaturen um 0 Grad vor der Ernte gehabt haben. Sind die Schalen blaßgelb oder haben gar grüne Flecken, so beweist das nur, daß die
Temperaturen vor der Ernte zu warm waren, so daß die Früchte begonnen haben, Chlorophyll zu
entwickeln.
Um die Früchte beim Transport zu schützen, werden sie nach der Ernte gewaschen und erhalten
einen Wachsüberzug. Dieser Wachsüberzug soll vor allem die beim Waschen verlorengegangene
natürliche Wachsschicht ersetzen. Ungewachste Apfelsinen verlieren in zwei bis drei Wochen die
Hälfte ihres Saftes und dreimal so viel Vitamin C wie behandelte. Beim Wachsen können auch Kon-
servierungsstoffe zugesetzt werden. Die so behandelten Früchte müssen gekennzeichnet werden.
Auf den Kisten muß zu lesen sein: «Gewachst» und/oder «Konserviert mit …» Dies muß im Einzel-
handel entweder sichtbar sein oder auf einem Schild neben oder auf der Ware angezeigt sein.
In der Praxis hat sich weitgehend durchgesetzt, daß nicht behandelte Orangen nicht gekennzeichnet sind. Also, wenn weder «gewachst» und/oder «behandelt mit» angegeben wird, kann der Konsu-
ment davon ausgehen, daß die Orangen unbehandelt sind. Unzulässig sind Kennzeichnungen wie
«giftfrei» oder «chemiefrei». Abgelehnt werden auch «keine Behandlung nach der Ernte» oder «unbehandelt». So ist der Stand in Deutschland.
Orangen sollten bei 2 bis 5 Grad Celsius und 80 bis 90% relativer Luftfeuchtigkeit optimal gelagert
werden. Trotz guter Haltbarkeit halten Orangen allerdings nur wenige Wochen.
Vielleicht sollte man noch erwähnen, daß aus Fruchtschalen, Blüten und Blättern des Orangen-
baums Orangenöl destilliert wird, das in der Parfümherstellung eine Rolle spielt.
Zuletzt muß man in dem Kapitel Orangen auch die Mandarine und ihre Abkömmlinge nennen. Sie
werden zusammengefaßt unter der Bezeichnung «Easypeeler», zu deutsch «leicht schälbare». Die
Mandarinen sind wie die Orangen in China daheim, und ihre Zucht wurde ebenso früh beschrieben
wie die der Orangen. Sie wachsen an Sträuchern oder vier bis sechs Meter hohen Bäumen. Sie sind
früher reif als Orangen, und sie haben eine dünne, nur lose dem Fruchtfleisch aufliegende Schale.

Das Fruchtfleisch ist zart und saftig, süß und schmeckt orangenähnlich. Es enthält viele Vitamine und viel Zucker, was die Mandarine zu einer der süßesten Früchte überhaupt macht. Aber die Mandarine enthält bis zu 25 Kerne, und das bringt die Mandarine gegenüber anderen Easypeelern auf dem Markt ins Hintertreffen. Nur in den Wintermonaten werden noch kleine Mengen Mandarinen nach Deutschland eingeführt, obwohl sie ihren Konkurrenten an Wohlgeschmack überlegen sind.

Diese Konkurrenten sind: Die Clementinen, die zu Anfang unseres Jahrhunderts in dem Garten des Paters Pierre Clement in Oran entdeckt wurden. Sie sind wahrscheinlich als eine Kreuzung von Mandarinen mit Pomeranzen entstanden. Ihr Fruchtfleisch hat ein sehr ausgewogenes Zucker-Säure-Verhältnis. Es enthält mehr Zucker und weniger Säure als die Mandarine. Die Clementine enthält keine oder nur wenige Kerne. Es gibt zahlreiche Clementinensorten. Sie müssen nach der EG-Qualitätsnorm als «Clementinen ohne Kerne» oder «Clementinen 1 bis 10 Kerne» gekennzeichnet werden. Für Clementinen, die mehr als 10 Kerne enthalten, hat sich die Bezeichnung «Monreales» eingebürgert.

Ein weiterer wichtiger Abkömmling und Konkurrent der Mandarine ist die Satsuma.

Es gibt zwei Versionen über ihre Herkunft. Nach der einen ist sie eine Mutation der Mandarine, die in der japanischen Provinz Satsuma entstanden ist. Nach der anderen Version sind Satsumas eine spanische Neuzüchtung. Satsumas sind seit 1952 auf dem deutschen Markt. Das Fruchtfleisch enthält höchstens 4 Kerne. Es hat wenig Säure und einen manchmal etwas faden Geschmack.

Schließlich gehört zu den Mandarinenabkömmlingen die Tangerine, deren Herkunft und Entstehung unbekannt sind. Ihr Name wird in Verbindung gebracht mit dem Hafen Tanger, von wo die marokkanische Ernte verschifft wurde. Die Tangerine ist der kleinste Mandarinenabkömmling. Sie hat wenig Kerne und einen nicht besonders ausgeprägten Zitrusgeschmack.

Außer diesen drei genannten Mandarinenabkömmlingen gibt es eine ganze Reihe von Kreuzungen, z. B. zwischen Clementinen und Tangerinen, Tangerinen und Grapefruits, Tangerinen und Orangen, Mandarinen und Orangen, usw. Neue Sorten, die auf dem Markt erscheinen wie z. B. die «Götterfrucht» sind das Ergebnis solcher Kreuzungen.

Zum Schluß sollten wir noch die Kumquat erwähnen. Sie ist eine Zwergorange, deren Heimat ebenfalls China ist. Nach Europa kam die Kumquat im 19. Jahrhundert als Zierpflanze. Die Früchte sind Miniaturausgaben von Orangen. Sie sind länglich oder oval, können so groß werden wie kleine Mandarinen. Sie haben eine dünne, süß schmeckende, aromatisch duftende Schale, die man mit der Frucht ißt. Der säuerliche Geschmack des Kumquatfleisches und die aromatische Süße der Schale ergeben eine überaus schmackhafte Kombination. Man kann sie unbesorgt nach dem Waschen essen. Neben der Verwendung zum Rohessen und in Obstsalaten werden sie auch in Zuckersirup eingelegt verkauft. Ob frisch oder in Zuckersirup eingelegt, kann man sie für Obstsalate, Süßspeisen, zum Garnieren von Wild- oder Geflügelbraten und kalten Büfetts verwenden. Man kann sie auch bei allerlei Getränken als Dekoration verwenden oder tiefgefroren anstelle von Eiswürfeln, im Whisky, Gin oder Campari. Die Früchte sind auch zum Kandieren geeignet. Auch Marmelade und Gelee lassen sich daraus bereiten.

Ganz zum Schluß noch ein Hinweis auf die Pomeranze, die Bitterorange oder Sevillaorange. Pomeranzen waren und sind beliebte Zierbäume, die z. B. in spanischen Städten an den Straßenrändern stehen, wie bei uns Platanen und Ahorn, nur daß sich eben unter das Grün der Blätter das Gold der

Früchte mischt. Pomeranzen wuchsen auch in den Orangerien der Barockschlösser, und sie wachsen heute noch als Zierbäumchen in manchen Wohnungen. Die Früchte kann man nicht roh essen. Aber sie sind die Grundlage der besten Orangenmarmeladen, und ihre Schalen werden kandiert, d. h. mit Zucker eingekocht, und sind dann Orangeat, die beliebte Backzutat. Aus den Blüten der Bitterorangen wird das kostbare Neroliöl destilliert, das in der Parfümerie eine wichtige Rolle spielt und das in der Duftlampe zum Träumen anregt.

Vor einigen Jahren reiste ich zu Filmaufnahmen nach Ägypten und zum Sinai. Als vorsichtiger Mann erkundigte ich mich bei einem griechischen Freund, mit dem zusammen ich in Ägypten reisen wollte, welche Vorsichtsmaßregeln, Impfungen usw. angezeigt wären. Mein Freund hinwieder, ein bekannter Theologe, fragte den orthodoxen Papst und Patriarchen von Alexandria. Patriarch Parthenius ließ uns wissen, er empfehle all seinen Priestern in Ägypten und im übrigen Afrika, stets eine Zitrone mit sich zu führen und allen Getränken und allen Speisen Zitronensaft beizufügen. Das sei ein guter Schutz gegen krankmachende Keime. Auch die Hände sollten sie vor dem Essen mit Zitronensaft desinfizieren, wenn keine Möglichkeit bestünde, die Hände mit sauberem Wasser zu waschen.

In Griechenland wird zu allen Fisch- und Fleischgerichten eine halbe Zitrone serviert. Dies hat sicher auch einen hygienischen Hintergrund. Schließlich sind Fisch und Fleisch in der Hitze Griechenlands nicht ungefährdet. Aber Zitronensaft macht auch Fleisch und Fisch bekömmlicher. Das Fischfleisch wird durch Zitronensaft weiß und fest. Schließlich regt Zitronensaft die Tätigkeit der Galle an, was gerade bei fettem Lammfleisch, wie es die Griechen lieben, sehr hilfreich ist. Einen hygienischen Hintergrund haben auch die Zitronenschnitze, die in dem Wasser der Fingerschalen schwimmen, die ein gutes Restaurant anbietet, dort wo die Finger beim Essen eine Funktion haben, z. B. bei Geflügel und Schalentieren.
Mit Zitronensaft kann man auch kleine Wunden behandeln. Sie werden einerseits keimfrei, andererseits wird durch den Zitronensaft der Heilungsprozeß beschleunigt.

Ich hatte jahrelang Probleme mit Gicht. Zunächst, ohne daß ich wußte, warum meine Knöchel so unerträglich schmerzten, dann trotz der Diät, die mir Ärzte auferlegten. (Es gibt so gut wie überhaupt nichts, was einigermaßen schmeckt und die Gicht nicht fördert. Von Schokolade bis Spinat, von Meeresfrüchten bis Spargel, von Fleisch bis Alkohol.) Eines Tages haben wir eine Sendung über Ayurveda-Küche gemacht und da gab mir die Ayurveda-Ärztin den Rat, jeden Morgen vor dem Frühstück den verdünnten Saft einer Zitrone zu trinken. Das hat mich seit zwei Jahren von meiner Gicht befreit. Ich sündige gegen alle Diätregeln, nehme keine der einschlägigen Tabletten und werde trotzdem nicht mehr von den unerträglichen Schmerzen eines Gichtanfalls heimgesucht.
In meiner Jugend haben wir Buben uns immer vorgestellt, wie das wäre, wenn man vor einer Blaskapelle, die in voller Tätigkeit ist, in eine Zitrone beißt. Und nur die Säure der Zitrone hinderte uns, die Probe aufs Exempel zu machen.
Später habe ich dann gelernt, daß man Zitronen ganz gut roh essen kann, dann nämlich, wenn man sie mit der Schale ißt. Das ist wie bei der Kumquat. Die Säure des Fruchtfleisches verbindet sich mit

dem Aroma der Schale zu einem angenehmen Geschmack. Seitdem ich das weiß, nehme ich bei Wanderungen gerne eine Zitrone mit.

Vom ersten Fernsehkoch des Deutschen Fernsehens, Clemens Wilmenrot, stammt folgender Anti-Grippe-Cocktail:
In ein Glas gibt man den Saft von zwei Zitronen und vier gehäufte Eßlöffel Traubenzucker. Das Ganze füllt man mit heißem Wasser auf und trinkt, so heiß man kann. Mir hat das Rezept wiederholt geholfen. Die Zitrone bringt Vitamin C, der Traubenzucker setzt eine rasche Verbrennung in Gang, sozusagen ein künstliches Fieber, trinkt man das am Abend, ist der grippale Infekt am anderen Morgen verschwunden, oder wenn man den Cocktail als Vorbeugung trinkt, kommt er gar nicht erst.
In der Volksmedizin hat man früher den Körper eines Kranken mit einer Zitronenschale bestrichen und die Zitronenschale auf den Weg gelegt. Wer die Zitronenschale aufhebt, bekommt die Krankheit. Oder man hat Warzen mit Zitronensaft beträufelt, die Zitrone an einer Hausecke vergraben, wenn die Zitrone verfault war, war auch die Warze verschwunden.
An einigen Orten war es üblich, dem Totengräber und dem Pfarrer bei einer Beerdigung eine Zitrone zu geben. Vielleicht war dies eine hygienische Maßnahme. Es gab aber auch Orte, wo die Brautjungfern zwei Zitronen auf dem Altar niederlegten oder die Braut dem Pfarrer eine Zitrone überbrachte. Vielleicht hing der Brauch damit zusammen, daß man Zitronen wie Orangen als Symbole des Wohlstandes ansehen kann: Die «goldene» Orange, die «silberne» Zitrone.
Im Kloster Iviron auf dem heiligen Berg Athos steht vor der Ikonostase ein etwa eineinhalb Meter hohes Zitronenbäumchen aus Silber mit goldenen Zitronen. Ich nehme an, daß dies das Geschenk eines reichen Mannes an die wundertätige Ikone Panaghia Portaitissa war, der Mutter Gottes der Türhüterin, als Dank für eine Heilung. Eine verbürgte Geschichte hängt mit diesem Bäumchen zusammen. Zur Zeit der Befreiungskämpfe der Griechen haben die Klöster auf dem heiligen Berg ihre Kostbarkeiten verkauft, um den Kampf zu finanzieren. So kam das Zitronenbäumchen nach Wien. Reiche Griechen haben es zurückgekauft und dem Kloster, d. h. der Panaghia, zurückgegeben.
Die Heimat der Zitrone ist das Gebiet zwischen Himalaya, Nordburma und Südchina. Sie ist ebenso empfindlich gegen Kälte wie gegen Hitze. Sie benötigt ein ausgeglichenes Klima mit kühlendem Wind. 500 Jahre v. Chr. wird sie von Konfuzius erwähnt, war also damals schon in China bekannt.
Ab dem 4. Jahrhundert müssen in Italien Zitronen gewachsen sein, weil fruchttragende Zitronenbäume auf römischen Fresken dargestellt werden. Über Mesopotamien und Persien war unabhängig davon der «medische oder persische Apfel», die Zitrone nach Griechenland gelangt. Vielleicht hatten auch die Soldaten Alexanders dem Großen die Zitrone von ihrem Feldzug nach Indien mitgebracht. Jedenfalls wird die Zitrone vom griechischen Autor Theophrast beschrieben. Er gibt an, daß die Blätter des Zitronenbaums ein wirksamer Schutz gegen Mottenfraß seien. Ab dem 10. Jahrhundert wird die Zitrone von den Arabern zunächst in Afrika, dann auch in Spanien angebaut und verbreitet.
Zitronenbäume sind immergrün, haben Dornen und werden bis zu 7 Meter hoch. Die Früchte können bis 125 g schwer werden, die Schale ist rauh bis glatt, grün bis gelb, das Fruchtfleisch besteht aus 7 bis 10 Schnitzen mit Kernen. Es enthält organische Säuren, in erster Linie Zitronensäure (bis 7%). Neben anderen Vitaminen enthalten 100 g Fruchtfleisch 50 mg Vitamin C. Der Saft der Zitrone

wirkt appetitanregend, fiebersenkend, bakterientötend, verdauungsfördernd. Er soll helfen gegen Gicht, Rheuma, Hämorrhoiden, Krampfadern, Venenentzündung, Thrombose und Embolie.

Die Zitrone würzt und verleiht Speisen eine frische Note. Zitrone kann auch als Alternative zu Essig verwendet werden, vor allem dann, wenn eine reine Säure erforderlich ist ohne den eigenen Geschmackscharakter, den z. B. der Essig hat. Dies ist bei manchen Speisen der Mittelmeerküche notwendig.

Es gibt etwa 120 Zitronensorten, deren Unterscheidung für den Verbraucher keine Rolle spielt.

Die Früchte desselben Baumes tragen allerdings je nach Erntezeit unterschiedliche Bezeichnungen. Die «Primofiori» werden zwischen November und Mitte April geerntet. Sie sind grünglänzend, dickschalig und wenig saftig. Die «Limoni» werden zwischen Dezember und Juni geerntet, kommen ebenfalls wie die «Primofiori» aus der ersten Blüte. Sie gelten als die besten Zitronen. Sie sind sehr saftig und gut haltbar. Die dritte Sorte sind die «Verdelli», die von Juni bis September geerntet werden. Sie kommen dadurch zustande, daß man bei den Bäumen eine zweite Blütezeit erzwingt, indem man den Bäumen ab August 40 Tage lang überhaupt kein Wasser gibt und die Erde teilweise von den Wurzeln entfernt. Daraufhin erscheint im September/Oktober eine zweite Blüte. Daraus entstehen dann im Juni bis September des darauffolgenden Jahres die «Verdelli»-Zitronen, die grün geerntet werden (Verdelli = Grünlinge). Sie haben aber weniger Saft und müssen nachreifen.

Die guten Limoni-Zitronen halten sich, wenn sie bei trockenem Wetter geerntet werden, 6 bis 8 Monate.

Wegen dieser langen Haltbarkeit war es schon im vergangenen Jahrhundert möglich, Zitronen nach Deutschland zu bringen, obwohl es weder Eisenbahnzüge noch Lastkraftwagen gab, so daß schon die Urgroßmutter Zitronen verwenden konnte.

Zitronen, die behandelt worden sind, müssen gekennzeichnet werden. Die Oberflächenbehandlung hat keinerlei Auswirkung auf das Fruchtfleisch und den Saft der Zitrone. Will man allerdings die Schale etwa beim Backen abreiben, muß man unbehandelte Früchte verwenden.

Auch bei den Zitronen gilt, unbehandelte Früchte werden nicht gekennzeichnet.

Die Zitrone hat zwei Verwandte:

Die eine ist die Limette, die bei uns auch manchmal als Limone bezeichnet wird, was allerdings zu Irrtümern führen kann, weil Limone in fast allen Sprachen Zitrone bedeutet. Die Limette kommt aus dem südostasiatischen Raum, insbesondere aus Malaysia. Die Früchte sind 4 bis 5 cm groß. Sie sind etwa doppelt so saftig wie Zitronen. Sie haben einen hocharomatischen, eigenständigen Geschmack, der von vielen geschätzt wird. Sie sind meistens kernlos. Sie sind sehr sauer, gleichwohl milder als Zitronen.

Sie sind reich an Kalium, Kalzium und Phosphor. Der Vitamin-C-Gehalt ist geringer als der der Zitrone.

Man kann die Limette wie Zitronen verwenden.

Die zweite ist die Zitronatzitrone, die als die Stammfrucht aller Zitrusfrüchte gilt. Ihre runzlige, genarbte Schale ist außerordentlich dick und macht 60 bis 70 % der ganzen Frucht aus. Diese ist süß, nicht so sauer wie die Zitrone. Sie riecht nach Zedernholz. Die Frucht ist reich an Provitamin A, an Vitaminen der B-Gruppe, an Vitamin P und C. Die Zitronatzitrone erscheint bei uns so gut wie überhaupt nicht auf dem Markt. Aber die meist grünen, unreif geernteten Früchte werden längs halbiert, das Kerngehäuse wird entfernt, ebenso die gelbe äußere Schale. Die Fruchtschalen-Hälften werden bis zu einem Monat in Salz- oder Meerwasser eingelegt. So kommen sie zum Versand. Dann werden sie gewässert und in Zuckerlösung kandiert. Zum Schluß werden sie mit einem Zuckerguß glasiert. Das Endprodukt heißt in Süddeutschland «Zitronat», in Norddeutschland «Sukade» und ist ein unentbehrliches Gewürz, vor allem für die Weihnachtsbäckerei.

Die Grapefruit ist eine Kreuzung der Orange mit der Pampelmuse, einer anderen Zitrusfrucht, die 25 cm Durchmesser haben kann. Grapefruit ist englisch und heißt eigentlich Traubenfrucht. Traubenfrucht deswegen, weil die Früchte wie bei einer Weintraube am Baum dicht beieinanderhängen. Der Grapefruitbaum wird 2 bis 5 Meter hoch. Die Früchte sind größer als Orangen, aber kleiner als Pampelmusen.
Sie haben eine dicke hellgelbe bis rötlichgelbe Schale. Das Fruchtfleisch ist sehr saftig und schmeckt bittersäuerlich. Es enthält viele Vitamine, Mineralien, Spurenelemente. Dazu gehört der Vitamin-P-Faktor Naringin. Die Frucht ist appetitanregend und fördert die Verdauung.
Morgens auf nüchternen Magen genossen, wirkt die Grapefruit darmreinigend und als mildes Abführmittel, sie senkt aber auch den Blutdruck, was Menschen mit ohnehin niedrigem Blutdruck morgens bedenken sollten. Mit Honig gesüßt ist die Grapefruit ein Mittel gegen Erkältung. Die Grapefruit enthält wenig Natrium und ist deshalb für spezielle Diäten geeignet. Es wird empfohlen, nicht nur den Saft zu trinken, sondern möglichst auch das Fruchtfleisch zu essen, das wertvolle Mineralien und Ballaststoffe enthält.
Um aus den halbierten Grapefruits nicht nur den Saft zu löffeln, sondern auch das Fruchtfleisch essen zu können, sollte einerseits das Fruchtfleisch aus der Schale gelöst werden und andererseits das Fruchtfleisch aus den Häuten, in denen sich die einzelnen Schnitze befinden. Dafür gibt es spezielle Messer.
Grapefruits kann man das ganze Jahr in Deutschland kaufen. Sie sind in aller Regel mit fäulnishemmenden Stoffen oberflächenbehandelt und müssen entsprechend gekennzeichnet werden.
Die roten und rötlichen Sorten der Grapefruit sind nicht nur ästhetisch schöner, sondern auch aromatischer und lieblicher im Geschmack.

In Israel wurden Grapefruits wieder mit Pampelmusen gekreuzt. Die Frucht, die so entstanden ist, heißt Pomelo.
Seit 1974 werden «Pomelos» in die Bundesrepublik und die Schweiz exportiert. Pomelos sind kleiner als Pampelmusen, aber größer als Grapefruits. Die Pomelo hat eine sehr dicke Schale, die das hellgelbe Fruchtfleisch sehr fest umschließt. Pomelos haben keine Kerne und ein weißes oder rosafarbenes Fruchtfleisch von angenehmem säuerlichen Geschmack. Es ist umso süßer, je schrumpeliger die Schale wird.
Ebenfalls als Kreuzung zwischen Pampelmusen und Grapefruits ist die «Sweety» genannte Zitrusfrucht entstanden.
In den letzten Jahren ist eine Fülle von exotischen Früchten auf unserem Markt aufgetaucht, Früchte, von denen unsere Großmütter nie gehört haben: Mango, Papaja, Mangostan, Carambola, Maracuja, Rambutan, Litschi, Physalis, Durian, Kiwi, Sharon, Khaki.

Andere kamen früher schon getrocknet zu uns wie Feigen, Datteln, Rosinen und die Vielfalt exotischer Nüsse.

Granatäpfel müssen schon in der beginnenden Neuzeit bei uns bekannt gewesen sein, denn sie werden auf Gemälden als Symbole des Reichtums dargestellt.

Melonen waren mit Sicherheit im 17. Jahrhundert bei uns bekannt. Sie wurden wie Auberginen und Artischocken in den Gärten Deutschlands angebaut.

Das mag verwundern. Tatsächlich aber trat im 18. und 19. Jahrhundert eine Verschlechterung, sprich Abkühlung, unseres Klimas ein, man spricht von einer kleinen Eiszeit, in der offenbar der Anbau eingestellt werden mußte, der später, als Ende des 19. Jahrhunderts das Klima sich wieder erwärmte, nicht wieder aufgenommen wurde.

Zu den klassischen Südfrüchten, die unsere Großmütter bereits kaufen konnten, gehören Ananas und Bananen.

Beide Fruchtarten konnten zu uns gebracht werden, als hinreichend schnelle Schiffe für den Transport zur Verfügung standen.

Indianer nannten sie Nana, ein französischer Pfarrer machte daraus 1557 das Wort Ananas. Die Portugiesen übernahmen diese Bezeichnung, während die Spanier sie wegen ihrer Ähnlichkeit mit einem Pinienzapfen Pina nannten und ihnen folgend die Engländer Pineapple.

Genau 500 Jahre ist es her, seitdem Columbus die Ananas 1493 auf einer Karibikinsel gefunden hat. Aber sie kam damals schon weither, denn daheim ist sie im Mato-Grosso. Dort gibt es jedenfalls heute noch wilde Ananas, klein, voller reiskorngroßer Samen, kaum eßbar.

Wie kam sie in den Golf von Mexiko, wie entwickelte sie sich zu der Frucht, von der 1513 ein Spanier schrieb, er kenne die Früchte der Welt, aber keine sei der Ananas vergleichbar an Schönheit, Duft und Aroma? Man weiß es nicht.

Um 1700 begann ein Holländer Ananas in Amsterdam zu ziehen. Im Gewächshaus natürlich. Und dann wurde sie überall in Europa angepflanzt, immer in geheizten Gewächshäusern. Sie war regelrecht Mode bei den reichen Leuten. Man lieh sich Ananasfrüchte als Tischschmuck aus. Erst als die ersten Ananas von den Azoren kamen, Mitte des letzten Jahrhunderts so um 1865, hörte diese Leidenschaft allmählich auf.

Die Ananaspflanze besteht aus einer Rosette von 90 cm langen, 6 cm breiten, harten, am Rand stacheligen Blättern. In ihrer Mitte entwickelt sich nach 1 bis 1 ½ Jahren eine Blüte. Daraus entsteht nach weiteren 4 Monaten die Frucht. Sie wiegt zwischen 1 und 4 Kilo. Je ausgeprägter ihre Schuppen sind, desto aromatischer ist die Ananas. Diese Schuppen kann man nicht essen, wohl aber das saftige Fleisch, das gelb sein kann oder rötlich und von dem man gesagt hat, es sei der süßeste Kern, der je in einer rauhen Schale gesteckt habe. Das Fleisch enthält Zucker und Fruchtsäuren, Eisen, Calcium, Provitamin A, B-Vitamine und Vitamin C. Es hat 56 Kilokalorien, ebensoviel oder ebensowenig wie der Apfel. Und dann ist da ein Enzym, das Bromelin, das Eiweiß verdaut. Ananassaft ist daher verdauungsfördernd und hilft bei Verdauungsschwäche. Hat ein Mensch Mangel an Magensaft, dann hilft ihm eine Scheibe Ananas vor jeder Mahlzeit.

Appetitlosigkeit, die durch diesen Mangel bedingt ist, wird so ebenfalls behoben. Andererseits hilft die nach schwerem Essen als Dessert gegessene Scheibe roher Ananas wesentlich beim Verdauen.

Aber nur die rohe Ananas enthält dieses Enzym Bromelin. Es wird durch Erhitzen, z. B. beim Herstellen von Konserven, zerstört.

Dieses Bromelin wirkt so stark, daß die Arbeiter in den Konservenfabriken der Herkunftsländer Handschuhe tragen müssen, weil sonst die Haut der Hände angegriffen wird. Empfindliche Personen können beim Essen roher Ananas Schmerzen im Mund bekommen.

Das Gurgeln mit dem Saft einer reifen Ananas kann bei Diphtherie Erstickungsanfälle lindern. Andererseits wirkt er harntreibend. Zähes Fleisch, das man mit dem frischen Saft beträufelt, wird sehr zart, immer vorausgesetzt, es handelt sich um eine rohe Ananas, die Bromelin enthält.

Früher hat man gesagt, nur die Dosenananas könne wirklich reif geerntet werden, weil die reife Ananas nicht länger als 5 Tage hält. Die rohen Früchte wurden also grün, halb oder dreiviertelreif geerntet und mußten im Bestimmungsland in einem mäßig warmen Raum auf weicher Unterlage bis zur Reife lagern. Dabei sollten sie öfters vorsichtig gedreht werden. Man durfte sie nicht drücken. Dort, wo Ananas wachsen, kann man ihre Reife dadurch erproben, daß sich die Blätter ihres Schopfes leicht herauszupfen lassen. Das geht bei uns so gut wie nicht. Reif ist eine Ananas, wenn sie leuchtend rot ist. Man kann ihre Reife auch durch Riechen an der Schnittstelle feststellen. Heute werden frische Ananas per Flugfracht zu uns gebracht, die gestern geschnitten, heute schon auf dem Markt sind. Diese sogenannten Flugananas haben zwar einen höheren Preis, ihre Qualität ist aber entsprechend hoch.

Ananas kommen aus Afrika, von der Elfenbeinküste, Guinea, Kamerun, Kenia und Südafrika zu uns. Es gibt zwar über 100 Ananassorten, der Handel unterscheidet aber nur nach der Herkunft, also z. B. Kenia-Ananas. Aus Südafrika kommen neuerdings Babyananas auf unseren Markt. Der Preis der Ananas richtet sich nicht nur nach Größe und Gewicht, sondern auch nach dem Reifegrad.

Dementsprechend sind die roten Ananas am teuersten.

Eine frische Ananas wird folgendermaßen zum Verzehr vorbereitet: entweder schneidet man den Schopf und den Stielansatz ab und schneidet dann die Frucht in 2 bis 3 cm dicke Scheiben, von denen man die Schale abschneidet und die holzige Mitte entfernt, oder man schneidet Schopf und Stielansatz ab, halbiert und viertelt die Frucht, schneidet von jedem Viertel das Holzige der Mitte ab, dann löst man das Fleisch mit einem scharfen Messer von der Schale und schneidet es in mundgerechte Stücke, die auf der Schale serviert werden können. Leider muß man bei beiden Verfahren mit ca. 50 % Abfall rechnen.

Noch eine Anmerkung zum Schluß. Aus den Fasern der Ananasblätter werden auf den Philippinen sogenannte Grasstoffe hergestellt. Die aus diesen Grasstoffen hergestellten leichten Hemden sind berühmt, leider aber auch sehr teuer.

Obwohl erst 1885 die ersten Bananen nach Europa kamen, sind sie heute nach dem Apfel die meistgegessene Frucht in Deutschland. Unvergessen ist der Bananenhunger in den neuen Bundesländern nach der Wiedervereinigung der beiden Deutschland. 1991 aß jeder Bewohner dieser Länder 25 Kilo.

Mehr als 14 kg ißt im Durchschnitt der Westdeutsche pro Jahr. Sie ist ein rechtes Volksnahrungsmittel, deren gesundheitlicher Wert sehr hoch ist. Da sind die Mineralstoffe wie Phosphor, Eisen, Kalium, Magnesium, Mangan, Kupfer, da sind viele Vitamine und Ballaststoffe. Sie haben von allen Früchten den niedrigsten Natriumgehalt und den höchsten Kaliumgehalt. Das macht sie für die Diät vor allem dort, wo Kochsalz zu vermeiden ist, so interessant. Sie sind leicht verdaulich, besonders für kleine Kinder. Die Banane eignet sich ebenso, um schwache Menschen zu kräftigen wie als Diät zum Abnehmen. Das Neurohormon Serotonin, das in der Banane enthalten ist, wirkt beruhigend und hebt die Stimmung. Die Banane ist von Natur aus praktisch und hygienisch verpackt. Ohne Hilfsmittel kann man die Schale öffnen, sie spritzt nicht und tropft nicht und macht keine Flecken. Man kann sie überall mit hin nehmen. Man braucht sie nicht zu waschen und man kann sie sogar mit ungewaschenen Fingern essen.

Es gibt Leute, die annehmen, in der Frühzeit des Menschen, also vielleicht vor 10 000 Jahren, hätten Raumfahrer von einem anderen Stern, z. B. dem Sirius, die Erde mit ihren Raumschiffen besucht. Sie hätten den noch primitiven Menschen Kultur gebracht und sie aus dem Zustand der Tiere herausgeführt. Die Erinnerung an diese Leute vom anderen Stern lebe in den alten Büchern fort, z. B. im Alten Testament, in dem tatsächlich an einer Stelle eine Art Raumschiff beschrieben wird. Sie hätten auch eine Pflanze von den Sternen mitgebracht und auf der Erde gelassen: die Banane, diese einzigartige Frucht.

Tatsächlich ist die Banane wahrscheinlich die älteste Kulturpflanze der Menschen. Ihre Heimat ist Asien.

«Banane» ist ein arabisches Wort und bedeutet Finger. Die Pflanze, an der die Banane wächst, ist eine Staude, die 6 bis 8 Meter hoch wird und große Blätter hat. Diese Blätter bilden ähnlich wie der Lauch eine Art Stamm. Man hat daher die Banane als das größte Kraut der Erde bezeichnet. Wenn diese Bananenstaude 9 Monate gewachsen ist, blüht sie. Sie tut das nur ein einziges Mal in ihrem Leben. Der Blütenstand hat mehrere Reihen rot-violetter Blüten, die sich nach und nach von oben nach unten öffnen. Aus jeder Blütenreihe wird eine Bananenhand. Sechs bis neunzehn Hände mit jeweils zehn bis 20 Fingern, d. h. also Bananen, kann ein solcher Fruchtstand, der «Büschel» heißt, haben. Diese achtzig bis einhundertfünfzig Bananen des Büschels wiegen um die vierzig Kilogramm.

«Warum sind die Bananen krumm?» Zunächst wächst die Einzelfrucht nach unten, wie es die Einwirkung der Schwerkraft verlangt, dann aber und zwar innerhalb weniger Tage, richtet sie sich auf, wächst nach außen und dann schließlich nach oben.

Die Bananen läßt man nie, auch wenn sie nicht für den Export bestimmt sind, an der Staude reifen. Sie müssen stets grünreif geerntet werden. Dabei wird die ganze Staude abgeschlagen und der Fruchtstand abgeschnitten. Die Pflanze stirbt ab, dient der Düngung der Plantage oder wird als Viehfutter verwendet. Gleichzeitig kommen aus der Wurzel junge Triebe, aus denen neue Stauden wachsen. Wenn man die Bananen nicht von der Pflanze trennt, dann werden sie rasch mehlig und faulen. Wenn man sie jedoch abschneidet, so beginnt in den Früchten die Umwandlung von Stärke in Zucker. Die Fruchtstände werden nach Händen aufgeteilt, gewaschen, chemisch gegen Fäulnis behandelt, dann werden sie in Kartons verpackt und in Kühlschiffen – sie sind immer noch grün – nach Europa verschifft. Eine Temperatur von präzise 13,2 Grad Celsius verhindert, daß während der 10- bis 12-tägigen Reise die Bananen zu reifen beginnen. In den 140 Bananenreifereien der Bundesrepublik vollzieht sich dann bei Temperaturen zwischen 14,5 und 18 Grad während 4 bis 8 Tagen die Reifung. Sie wird mit Äthylengas unterstützt. Mit Kühlwagen werden sie transportiert, in Kühlräumen werden sie gelagert. So kommen sie schließlich etwa drei Wochen nach der Ernte ins Geschäft.

Sie müssen vor Zugluft geschützt werden, Temperaturen unter 13 Grad machen die Schalen schwarz. Sie dürfen nicht geworfen werden, sie sind druckempfindlich, sie wollen sorgfältig behandelt werden.

Kauft man unreife, noch grüne Bananen, so werden sie bei Zimmertemperatur – nicht im Kühlschrank! – reif. Reife bedeutet, die Stärke der Banane verwandelt sich in Zucker. Mit dem Zucker entstehen Fruchtsäuren und Aromastoffe, die zusammen den Geschmack der Banane ausmachen. Grüne Bananen haben weniger Kalorien als gelbe, weil nämlich die Stärke noch nicht in Zucker umgewandelt ist. Haben die Bananen kleine schwarze Flecken – sie kosten dann meistens weniger – dann heißt das nur, daß sie vollreif sind, d. h. besonders süß. Man sollte sie allerdings gleich essen.

Man unterscheidet Obstbananen, Kochbananen, rote Bananen, Apfelbananen und Babybananen.

Die Obstbananen machen die Masse der Bananeneinfuhren aus. Von den rund 400 Sorten Obstbananen, die es gibt, spielt praktisch heute nur noch die «Cavendish» eine Rolle. Sie ist resistent gegen die Panamakrankheit der Bananen. Die Banane «Gros Michel», die früher den Markt beherrschte, ist es nicht.

Bananen werden allerdings nicht unter ihrem Sortennamen verkauft, sondern unter den Markennamen der großen Fruchthandelsfirmen, z. B. «Chiquita», «Delmonte», «Dole», «Onkel Tuka» usw. Die Einfuhr der Bananen aus den mittelamerikanischen Ländern war in Deutschland in den vergangenen Jahrzehnten zollfrei. Das wird sich nun durch eine Entscheidung der EG ändern. Bananen werden durch den Zoll wesentlich teurer werden. Allerdings gibt es auch innerhalb der EG Bananen:

Auf den französischen Inseln in der Karibik, aber auch auf Kreta und auf Zypern. Die letzteren habe ich gegessen. Mir schmecken sie sehr. Sie sind allerdings etwas kleiner als die Industriebananen aus Mittelamerika.

Kochbananen kann man nicht roh essen. Sie kommen auch nur ganz zögerlich auf unseren Markt. In ihrer Heimat allerdings spielen sie die gleiche Rolle als Grundnahrungsmittel wie bei uns die Kartoffeln. Sie müssen geschält werden, wobei sich ihre Schale nur schwer löst, dann kann man Brei aus ihnen kochen oder eine Art Bratkartoffel, fritiert entstehen Bananenchips.

Rote Bananen werden wie Apfelbananen das ganze Jahr über nach Deutschland eingeflogen. Sie werden wie Obstbananen verzehrt. Einen sehr delikaten Bananengeschmack haben die Baby-Bananen, die besonders als Dessertfrüchte geeignet sind.

An den Blütenständen der Banane gibt es außer den weiblichen Blüten, aus denen sich die Bananen dann entwickeln, auch eine männliche Blüte, die bis zu einem halben Meter groß werden kann. Diese Bananenblüten sind eine besondere Rarität, die gelegentlich in unseren Feinkostgeschäften erscheint. Sie werden meistens als Bestandteil eines Reisgerichtes zubereitet. Man muß die äußeren harten Blätter entfernen, die Blüte kochen. Dazu gibt es eine scharfe Kräutersoße, die u. a. aus Kokosmilch besteht.

Riz frou-frou

2 ½ l *Wasser*
  1 *gestr. EL Salz*
  2 *Msp. Safran-Pulver*
300 g *Patna-Reis*
200 g *gekochter Schinken, in Scheiben*
    geschnitten
2 EL *frische Butter*
 50 g *Kokosraspel*
 50 g *Sultaninen*
  4 *Scheiben Ananas, geschält, in*
    Schnitze zerteilt
  3 *Bananen, in Rädchen geschnitten*

Das Wasser aufkochen, Salz und Safran beigeben, gut umrühren. Den Reis beigeben. Unter gelegentlichem Rühren 18 Min. köcheln lassen. Auf einem Sieb abtropfen lassen.

Den Schinken in einem Sieb über kochendem Wasser zugedeckt heiß werden lassen.

Die Rosinen in warmem Wasser einweichen.

Die Butter schmelzen. Die Südfrüchte und die Rosinen kurz darin dünsten. Alles mit dem Reis vermischen. Auf einer gut angewärmten Platte bergartig aufschichten.

Die Paprika-Sauce separat dazu servieren!

135

Paprika-Sauce zu Riz frou-frou

200 ml Hühnerbrühe
1 KL Kartoffelmehl
200 ml Rahm oder Sauerrahm (Sahne)
2 – 3 KL Paprika-Pulver
Salz

Das Kartoffelmehl mit der kalten Hühnerbrühe verrühren, aufkochen, vom Feuer nehmen, den Rahm und die Gewürze beigeben, gut umrühren. Nochmals heiß werden lassen, aber nicht mehr kochen.
(Rezept ohne Bild)

Zitronentorte

Biskuit:
4 Eier
6 EL Zucker
1 EL warmes Wasser
Schale einer Zitrone
6 EL Weißmehl
Füllung:
4 Äpfel
Saft von 2 Zitronen
4 EL Zucker
evtl. 1 EL Curaçao oder Cognac oder Rum
Glasur:
250 g Puderzucker

Backofen auf 120° C vorheizen. Eine Springform (24 – 26 cm ⌀) gut einfetten und mit Mehl bestäuben.
Eier, Zucker, Wasser und Zitronenschale in eine vorgewärmte Teigschüssel geben, diese auf einen mit heißem Wasser gefüllten Kochtopf stellen (Wasserbad). Mit dem Schwingbesen oder dem elektrischen Rührgerät schaumig schlagen (15 – 20 Min.). Die Masse muß etwa dreimal voluminöser werden. Die Schüssel aus dem Wasserbad nehmen. Etwa 5 Min. weiterschlagen, bis der Teig sich etwas abgekühlt hat. Das Mehl darübersieben und sorgfältig, ohne zu rühren, unter die Eimasse ziehen. Sofort in die Springform füllen und im vorgeheizten Ofen 30 – 50 Min. backen. Während der ersten 30 Min. die Backofentüre nicht öffnen.
Die Äpfel schälen, in Schnitze zerteilen, das Kerngehäuse entfernen, in Scheiben schneiden, mit dem Zitronensaft beträufeln. Zucker und evtl. Likör beigeben. Die Masse muß ein dickes Mus sein. Sonst noch einige Minuten kochen (rühren, sie brennt gerne an!).
Die Torte in der Mitte trennen, indem man einen starken Faden um sie herumlegt (einige Einschnitte in der Mitte des Tortenrandes erleichtern das Zertrennen auf gleicher Höhe), den Faden vorne kreuzt und dann zusammenzieht. Der obere Teil der Torte wird umgedreht und als Tortenboden verwendet. Man bestreicht ihn mit der ausgekühlten Füllung und legt den untern Tortenteil mit dem Boden nach oben darüber. Siehe auch Abbildungen zur Schwarzwäldertorte auf Seite 119. Zum Glasieren braucht es eine ganz glatte, gerade Oberfläche.
Der Puderzucker wird durch ein Sieb gestrichen. Den Zitronensaft nach und nach beigeben. Soviel, daß die Glasur ganz glatt und so dickflüssig ist, daß sie einen Löffel überzieht, ohne zu tropfen.
Die Torte kann mit Zitronen und Orangenschnitzen verziert werden.
Anstelle von Zitronen kann man auch Limetten oder Orangen verwenden.
(Rezept ohne Bild)

Winterlicher Fruchtsalat

        4 Würfelzucker
        4 Orangen
        1 Grapefruit
        2 Äpfel
        3 Bananen
            Saft einer Zitrone
      10 getrocknete Datteln
      20 g Rosinen
      2 EL Kirsch
      20 g Mandeln
    400 ml Weißwein oder Süßmost
      6 EL Zucker
            Löffelbiskuits

Die Würfelzucker an den Orangen abreiben. Die Orangen und die Grapefruit schälen, dabei alle weißen Fäden entfernen. Mit einem scharfen Messer in dünne Scheiben schneiden. Kerne entfernen.

Die Äpfel schälen, in Schnitze zerteilen, das Kerngehäuse entfernen, die Äpfel in dünne Scheiben schneiden. Die Bananen schälen, in Rädchen schneiden. Alles mit dem Zitronensaft beträufeln (die Früchte werden so nicht braun). Die Rosinen mit dem Kirsch beträufeln.

Die Datteln der Länge nach halbieren, entsteinen, kleinschneiden. Die Mandeln mit kochendem Wasser übergießen, einige Minuten stehen lassen, schälen.

Von allen Früchten einige schöne Schnitze für die Dekoration beiseite legen. Den Rest lageweise in eine Schüssel schichten. Wein oder Most mit dem Zucker und den Würfelzuckern vermengen. Rühren, bis sich aller Zucker aufgelöst hat. Über die Früchte geben. Die Oberfläche schön garnieren. Mindestens 1 Std. kaltstellen. Mit Löffelbiskuits servieren.

Kokoscake

  250 g *Butter*
  250 g *weißer oder brauner Zucker*
      6 *Eier*
         Schale einer abgeriebenen Zitrone
      1 *Prise Salz*
  300 g *Kokosraspel*
  150 g *Mehl*
    ½ *Päckchen Backpulver*

Eine Cakesform (30 cm) mit einem Backpapier auslegen oder gut einölen.
Backofen auf 175° C vorheizen.
Die zimmerwarme Butter mit dem Zucker und der Zitronenschale rühren, bis der Zucker geschmolzen ist. Ein Ei nach dem andern darunterrühren. Zitronenschale, Salz und zuletzt die Kokosraspel beigeben.

Das Mehl und das Backpulver darübersieben, unter den Teig heben, alles in die Form füllen und 1 Std. backen.

Glasierte Orangen- und Zitronenscheiben als Garnitur

      1 *Orange oder Zitrone*
  150 ml *Wasser*
      4 EL *Zucker*

Wasser und Zucker aufkochen. Die Frucht waschen, mitsamt der Schale in feine Scheiben schneiden, Kerne entfernen. Zum Sirup geben, 5 – 10 Min. köcheln, auf einem Gitter abtropfen lassen.

Orangensoufflé

Backofen auf 150° vorheizen. Eine Gratinform, in der vier Orangen Platz haben, ausbuttern. Eine weitere kleine Gratinform für den Rest der Füllung ebenso vorbereiten.

    4 Orangen
    4 Eier
2 EL Mehl
4 EL Puderzucker
    1 Likörglas Orangenlikör (Cointreau,
      Napoléon à l'orange).

Die Orangen waschen, einen Deckel abschneiden, Fruchtfleisch aushöhlen. Die Kerne entfernen, Fleisch und Saft mit dem Mixer fein pürieren.

Eigelb und Zucker zu einer schaumigen Crème rühren, dann nach und nach Mehl, Likör und den Fruchtmix beigeben. Zum Schluß die ganz steif geschlagenen Eiweiß darunterheben, alles bis 1 cm unter den Orangenschalenrand einfüllen, den Rest der Füllmasse in die zweite Gratinform geben. Sofort in den vorgewärmten Ofen schieben. 15 Min. backen, dabei die Ofentüre nicht öffnen.

Vanilleeis mit Melonenkugeln

Eis:

2	*Eier oder 4 Eigelb*
3 EL	*Zucker*
500 ml	*Milch*
	die ausgekratzten Kerne einer
	Vanilleschote
1 EL	*Kartoffelmehl*
200 ml	*Rahm (süße Sahne)*

Früchte:

1	*kleine, reife Melone*
1	*Zitrone oder Limette*
3 EL	*Portwein*
100 ml	*Rahm (süße Sahne)*

Die Eier oder das Eigelb (das Eis wird dadurch gelber) mit dem Zucker schaumig rühren. In die kalte Milch die Vanillekerne und das Kartoffelmehl geben. Mit dem Schwingbesen rühren und einmal aufkochen. Die Hälfte der Milch unter tüchtigem Rühren mit dem Ei-Zucker-Gemisch vermengen. (Wichtig: den Kochtopf für diesen Vorgang vom Feuer nehmen!) Alles zurück in den Kochtopf geben und die Crème auf kleinstem Feuer schlagen, bis sie schaumig und dicklich ist. Nicht mehr kochen! Die Crème erkalten lassen. Dabei immer wieder umrühren, damit sich keine Haut bilden kann.

Den Rahm ganz steif schlagen, unter die erkaltete Crème ziehen. Diese in einer flachen Schale in den Tiefkühler stellen. Während 4 – 5 Std. gefrieren lassen. Dabei möglichst oft umrühren, damit die Eiscrème glatt und geschmeidig wird.

Die Melone teilen, das Kerngehäuse herauskratzen. Das Fruchtfleisch mit einem Eislöffel herausnehmen oder in Würfel schneiden. Mit dem Portwein beträufelt kaltstellen.

Abwechslungsweise Eis- und Melonenkugeln in eine Schale füllen, mit den Zitronenschnitzen und evtl. einigen Schlagrahmtupfern garnieren.

Fasnacht

Ich besitze eine Schuhschachtel mit Fotos. Fotos aus meiner Kindheit und Jugend, Fotos von meinen Eltern, vor allem aus der kinderlosen, sprich wernerlosen Zeit, die recht lange dauerte und die meine Mutter als die glücklichste ihres Lebens bezeichnete, und auch aus der Zeit vor dem Ersten Weltkrieg, als sich meine Eltern noch gar nicht kannten. Erstaunlich viele Fasnachtsbilder sind darunter. Da ist eine ganz alte Aufnahme, vielleicht noch vor 1900, auf der mein Vater in der Maske des Amor steckt. Ein weites weißes Gewand umhüllt seine kleine, gedrungene Gestalt, eine Perücke mit blonden Kräusellocken, eine rote Knollennase, Flügel auf dem Rücken und in den Händen Pfeil und Bogen!

Und da ist ein Bild von meiner Mutter, ich glaube, es ist das früheste Bild überhaupt, das ich von ihr besitze. Da trägt sie eine Soldatenuniform, eine badische selbstverständlich, die sie ganz gut ausfüllt. 19 Jahre ist sie da alt! Wenn ich recht sehe, entstand dieses Bild auf dem Feldberg, wo meine Mutter im Feldberger Hof tätig war. Ein Bauernmädchen aus dem Hexental, das in die große Welt kommt und Hosen tragen will. Und das ging eben nur an Fasnacht, damals, im Jahre 1908. Da gibt es ein Bild von meinem Vater, in einem offenen Auto durch Freiburg fahrend in der Maske des längst vergessenen Freiburger Komponisten Philipp. Da steht er auf einem Fasnachtswagen in der Maske des Lohengrin. Und dann Vater und Mutter als Schwarzwälder Paar.

Bei einer solchen Herkunft müßte man ja meinen, ich sei der geborene Fasnachter. Ich muß Sie enttäuschen. Ich bin es nicht. Ein Foto findet sich von mir in Maske: Obelix mit einem Hinkelstein aus Styropor und einem Idefix auf dem Arm.

Ein Kollege hat mich vor ca. 15 Jahren dazu überredet für irgendeinen Film den Obelix zu mimen. Dazu wurde die Hose um meinen Bauch herum geschneidert und der Hinkelstein und der Idefix angefertigt. Und als dann ein halbes Jahr später die Fasnacht kam, da hab ich mich dieses Kostüms erinnert und es auch getragen. Nun kommt es bei mehr oder weniger dicken Menschen ja ganz darauf an, wo der Gürtel sitzt. Je höher, desto dicker sieht man aus. Und natürlich sitzen die Hose und der Gürtel bei einem Obelixkostüm direkt unter der Brust mit dem Erfolg, daß man unvorstellbar dick ausschaut, viel dicker jedenfalls, als man in Wirklichkeit ist.

Und so begegnete ich denn an jenem Abend meinem Intendanten, der mich mit großen Augen von oben bis unten betrachtete und mir am darauffolgenden Tag einen Brief schrieb, ich sei viel zu dick und er fordere mich hiermit auf, mich einer Abmagerungskur zu unterziehen.

Natürlich hatte er objektiv recht und diese Fürsorge für den Mitarbeiter war gewiß gut gemeint. Aber subjektiv habe ich mich über den Brief geärgert und ihn als Einmischung in mein Privatleben angesehen, derart, daß ich nie wieder zu einer Fasnachtsveranstaltung gegangen bin weder als Obelix noch als Asterix. Ich bin so.

«Oh je», sagte der kleine Winter-
dämon, «jetzt kommt die grausige
Fasnacht mit all dem Lärm und den
Larven und den Masken, mit dem sie
unsereins vertreiben wollen.
Jetzt heißt es Koffer packen und einen
Ort suchen, wo die Menschen nicht
verrückt sind.
Aber wo? Aber wo?»

143

Jetzt hab ich die ganze Zeit von Fasnacht geredet, als hätte das etwas mit Fasnacht zu tun. Fasnacht ist etwas ganz anderes. Im Grunde überschneiden sich an Fasnacht zwei Dinge: uralter Dämonen- und Fruchtbarkeitszauber der naturverbundenen ländlichen Gegenden mit der Lust am Verkleiden und der Narretei in städtischen Gegenden. Fasnacht war in früheren Zeiten eine wichtige Station im Jahresablauf. Der Winter ist im wesentlichen vorbei, die Sonne hat wieder Kraft, die Natur bereitet sich auf ihre Wiedergeburt vor. An Ostern, am christlichen Fest der Auferstehung des Gottes, wird diese Wiederauferstehung der Natur gefeiert. Vierzig Tage lang bereitet sich der Christ auf dieses Fest durch Enthaltsamkeit von Fleisch, von Milchprodukten, Eiern – so war es früher – und allen «Lustbarkeiten» vor.

Vor dieser Fastenzeit aber ist es rein biologisch notwendig, sich noch einmal satt zu essen an Proteinen und sich im voraus zu entschädigen für alle Enthaltsamkeit der kommenden vierzig Tage. Das ist die eine Komponente. Die andere, ältere, weit in vorchristliche Zeit ragende, ist das Vertreiben der Dämonen des Winters durch Lärm und fürchterliche Masken. Mit Schellen und Peitschenknallen werden die Dämonen verjagt und der Frühling geweckt. In den Fasnachtsfeuern wird der Winter verbrannt, so wie im Mittelalter Hexen und Ketzer verbrannt wurden. Aber die Feuer haben noch einen anderen Sinn. Man sagt, soweit der Feuerschein geht, so weit wird das Land fruchtbar. Und die Feuer, die am Sonntag Invokavit, dem Sonntag nach Fasnacht, brennen, sind zugleich Symbole der Sonne, die wieder Kraft hat. Brennende Räder werden von den Bergen ins Tal gerollt, und glühende Scheiben werden weit in die Nacht geschlagen. Auch dies Symbole der wiederkehrenden Sonne.

In den ursprünglichen Umzügen an Fasnacht zogen Bärenmasken mit, das war die Zeit, wo der Bär vom Winterschlaf erwachte als ein Vorbote des Frühlings, «Wilde Männer» und «Wilde Frauen» waren im Zug als Symbole ursprünglicher Naturkraft, der «Grünheit», um mit der heiligen Hildegard zu sprechen, und ein «Brautpaar» als Symbol der «heiligen Hochzeit», der Vermählung der Natur.

Der lebensnotwendigen Fruchtbarkeit von Pflanzen, Tieren, Menschen galten viele Bräuche, zum Beispiel das Schlagen mit Saublasen, mit Pritschen, mit Weidenruten. Darum war Fasnacht auch eine beliebte Zeit für Hochzeiten, denn die Fastenzeit galt als «geschlossene Zeit», in der keine Hochzeiten erlaubt waren. Sie waren genauso verboten wie Tanzveranstaltungen. Also mußte spätestens an Fasnacht geheiratet werden. Am besten am Montag in der Fasnacht, nicht am Fasnachtstag selbst, denn an einem Dienstag heiratet man nicht. Und die Tanzveranstaltungen von Fasnacht waren nicht nur eine Möglichkeit vor der Fastenzeit noch einmal zu tanzen, sondern dienten ebenso dazu, neue Verbindungen anzubahnen, und ist es ein Wunder, daß neun Monate später, im November, soviele Kinder auf die Welt kommen?

An Fasnacht muß man viel essen und trinken, damit es eine reichliche Ernte gibt. Die Hausfrau muß so viel kochen, daß von allem noch etwas übrig bleibt, sonst gibt es ein teures Jahr. Und sie muß auf den Herd springen und muß rufen: «Früchte wie mein Kopf, Blätter wie meine Schürze, Wurzeln wie meine Beine», dann wird alles im Überfluß geraten. Im Grund sollte man siebenerlei oder neunerlei Speisen essen an Fasnacht. Fleisch muß unter allen Umständen dabei sein, vor allem das Fleisch vom Schwein. Denn auf Fasnacht wurde ja das zweite Mal geschlachtet auf dem Hof, damit auf

Ostern der Schinken und das Schäufele geräuchert waren. Wenn die Bäuerin an Fasnacht ihren Leuten einen Schinken kochte, dann wurde das ganze Jahr über der Schmalzhafen nicht leer.
In der Pfalz haben die Kinder einen Abzählreim:

> Verzee Daa vor Fasenacht
> Hot mei Vadder e Sau gschlacht
> Verzee daa denoo
> war nix devu mee doo.

Sehr empfohlen wurden als Fasnachtsspeisen Hirse und Erbsen. Wer an Fasnacht Hirse und Erbsen ißt, dem geht während des Jahres das große und das kleine Geld nicht aus. Auf eines muß man allerdings achten, wenn man an Fasnacht Suppe ißt, läuft einem das ganze Jahr über die Nase. Die Reste der Fasnachtsmahlzeiten haben besondere Kraft. Man kann sie als Opfergaben für Fuchs, Habicht und Marder in den Garten stellen. Dann werden diese Tiere während des Jahres nicht schaden.

Ob man wohl den Marder, der das Zündkabel frißt, mit einem Kotelett an Fasnacht von seinem schändlichen Tun abbringen kann?

Am Fasnachtstag, also am Dienstag, wurden und werden bis heute Fasnachtsküchle gebacken. Sie wurden früher am Aschermittwoch zusammen mit Kartoffelsuppe gegessen. Am Aschermittwoch, dem ersten Fastentag, an dem der Christ sich ein Aschenkreuz vom Priester auf die Stirn machen läßt. Die Kinder folgten dem Duft und bettelten um Küchlein, z. B. bei uns an der Murg mit dem alten Narrenspruch

> «Horig, horig, horig isch die Katz
> un wenn die Katz net horig wär,
> dann fängt sie keine Mäuse mehr»

oder in der Pfalz

> «Die Pann rapplt,
> die Kichelcher sin geback,
> gemma a ens,
> ich steck mers in d'Sack»

Die städtische Fasnacht war und ist eine Angelegenheit der in Zünften organisierten Handwerker, die ihrer Fasnacht und ihrer Ausgelassenheit strenge Regeln gaben. Diese Herkunft aus der städtischen Ordnung des Mittelalters war und ist die Grundlage der schwäbisch-alemannischen Fasnachtszünfte und ihres Brauchtums. Hier kommt noch die Tradition des Narren hinzu, dessen Aufgabe es ist, der Gesellschaft einen Spiegel vorzuhalten. Er ist sozusagen eine Extremform des in der

Gesellschaft «Normalen» und zeigt, wie man nicht sein sollte. «Kinder und Narren sagen die Wahrheit.» Hier wird die Tradition des Hofnarren fortgeführt, der an den Höfen des Mittelalters ein Korrektiv für die Launen des Herrschers war. Der Narr nimmt die Leute beim Wort, so wie es z. B. Till Eulenspiegel tut, der Prototyp der Narren. Seit dem 19. Jahrhundert aber kam mit dem Selbstbewußtsein des Bürgertums etwas ganz anderes ins Spiel. Das, was man mit Fasching umschreibt, und das vor allem im Rheinland, in Köln und Mainz seine Heimat hat, was politisch kein Zufall ist, sondern mit der Geschichte dieser Städte zu Beginn des 19. Jahrhunderts zu tun hat.

Anders der Fasching von Wien, der in Freiburg sein Echo fand mit seinen Bürgerbällen, Erinnerung an eine Zeit, als Freiburg die Hauptstadt von Vorderösterreich war.

Faschingsveranstaltungen in Freiburg stehen bis heute in dieser Tradition. Auch die Freiburger Ranzengarde, die auf die Bürgerwehr des 19. Jahrhunderts zurückgeht.

Ganz anders die Basler Fasnacht. «Geistreicher Witz, vollendete künstlerische Gestaltung, Pflege der eigenen Mundart, des Trommel- und Pfeifenspiels sind einige Charakteristika der dreitägigen Verzückung ..., während welcher Basel ... die Hauptstadt der Welt ist», schreibt Robert Develey.

Das besondere der Basler Fasnacht fängt schon mit dem Datum an. Während die Welt Fasnacht nach dem Sonntag Estomihi feiert, feiert Basel seine Fasnacht acht Tage später, nach dem Sonntag Invokavit. Es ist der Termin der sogenannten Bauernfasnacht, der «Alten Fasnacht». Im Schwarzwald sagt man bis heute: «Er kommt wie die alte Fasnacht» und meint damit, einer kommt, nachdem das Wichtigste vorbei ist.

Offenbar hat im Mittelalter die Geistlichkeit am Mittwoch nach dem Sonntag Estomihi mit dem Fasten begonnen, so daß man von dieser Fasnacht als der Herrenfasnacht reden kann. Die einfachen Leute, die Bauern, haben acht Tage später erst angefangen zu fasten: Bauernfasnacht, alte Fasnacht.

Der Sonntag Estomihi liegt übrigens 50 Tage vor Ostern. Die Bauern haben also nicht weniger gefastet, die Geistlichkeit allerdings einige Tage mehr als die traditionellen vierzig Tage, die Zeit, die Christus in der Wüste gefastet hat. Die Alte Fasnacht ist keine rein baslerische Eigenart.

An einigen Orten, vor allem der Markgrafschaft, wird sie noch heute begangen.

So gibt es in Sulzburg am Sonntag Invokavit einen Fasnachtsumzug der Orte, die die Alte Fasnacht noch feiern ...

Die Basler Fasnacht ist schon rein zahlenmäßig eine überaus lebendige Angelegenheit. Während 1960 noch 3000 offizielle Teilnehmer an den Veranstaltungen der Fasnacht teilnahmen, waren es 1985 20000, die sich auf 37 Stammcliquen, 22 Alte Garden, 43 Junge Garden, 13 Buebezygli, 122 Pfeifer- oder Trommlergruppen, 96 Wagen, 67 Guggenmusige, 22 kleine Gruppen, 21 Chaisen und 14 Einzelmasken verteilten.

Die drei Tage der Basler Fasnacht werden ein Jahr lang vorbereitet. Den Außenstehenden mag es verwundern, daß die reiche und überaus seriöse Stadt am Rhein sich so sehr der Fasnacht hingibt. Nicht irgendeiner Ausgelassenheit allerdings, sondern einer Veranstaltung, die bis ins Detail geregelt ist und dementsprechend vorbereitet wird. Da sind schon schweizerische, um nicht zu sagen alemannische, Gründlichkeit und Ernsthaftigkeit am Werk. Viel Historisches ist in Basel in die Fasnacht eingegangen:

- Vorchristliches aus der Zeit der keltischen Ureinwohner unseres Landes, Austreiben der Winterdämonen und Beschwören der Fruchtbarkeit, Kult des keltischen Sonnengottes.
- Die römischen Saturnalien, schließlich waren an diesem strategischen Platz am Rhein römische Soldaten stationiert, und Kaiseraugst ist nahe.
- Das gesellschaftliche Leben mittelalterlicher Zünfte.
- Deren militärische Aufgaben. In den Fasnachtstagen wurde im Mittelalter die militärische Präsenz der für die Verteidigung verantwortlichen Zünfte inspiziert.
- Renaissance und Barockzeit mit italienischem Maskentreiben. Es sind die Figuren der Commedia del'arte. In Basel vor allem der Harlekin.
- Und nicht zuletzt die bürgerliche Emanzipation zur napoleonischen Zeit.

Das alles hat seine Spuren in der Basler Fasnacht hinterlassen. Und doch ist sie das, was sie heute ist, erst in den letzten 150 Jahren geworden. Aber von Anfang an war sie Persiflage und Parodie. Das eben, was die Funktion des Narren in der Gesellschaft ausmacht: Der Gesellschaft einen Spiegel vorzuhalten, einen Zerrspiegel, der das Negative übertreibt und damit zu korrigieren versucht.
Träger der Basler Fasnacht sind die sogenannten Cliquen, Vereine, die zumindest ursprünglich Stadtteilgesellschaften waren. So gibt es heute noch die 1884 gegründete Clique «Vereinigti Glaibasler» oder der 1902 gegründete «Barbaraclub». Diese Cliquen haben einen Vorstand und treffen sich das Jahr über jede Woche einmal zum gemeinsamen Üben. Denn im Mittelpunkt ihrer Tätigkeit steht das Trommeln und das Pfeifen. Ihre Vereinslokale sind meistens in einem Keller der Altstadt, wo man auch gemeinsam essen und trinken kann. Das schließt nicht aus, daß man miteinander zum Spargelessen geht, zur Metzgede, zum Bummeln.
Ursprünglich konnten nur Männer Mitglied der Cliquen sein. Dann gab es in der Barbara-Clique Trommlerinnen und Pfeiferinnen, die «Barbara-Gumsle». Inzwischen sind gemischte Cliquen selbstverständlich. Der Nachwuchs der Cliquen sind die sogenannten Jungen Garden und die Buebezygli. Sie üben noch in der Trommler- und Pfeiferschule. Übrigens ist das Schlagen der Trommeln in Basel, auch das Üben, nur vier Wochen vor Fasnacht erlaubt. In der anderen Zeit üben Erwachsene wie Nachwuchs auf den sogenannten Drummelbeggli, hölzernen Klangkörpern.
Im Herbst finden die Generalversammlungen der Cliquen statt. Auf diesem sogenannten Cliquen-Bott wird die Sujet-Kommission der Clique gewählt. Sie hat die Aufgabe, das Sujet, das Thema, festzulegen, das von der Clique bei der kommenden Fasnacht behandelt wird. Jetzt machen sich die Autoren der Zeedel, das sind Texte zum Sujet, die Maler der Laternen, die Entwerfer von Kostümen, Larven, Wagen an die Arbeit.
Im Januar tritt der Vogel Gryff auf, eine mythologische Basler Figur aus grauer Vorzeit und damit beginnt die Vorfasnacht mit ihren Trommelkonzerten, ihrem Preispfeifen, ihrem Charivari und ihren Konzertli, fasnachtliche Veranstaltungen, in deren Mittelpunkt das Trommeln und Pfeifen der Cliquen steht, umrahmt von Sketches und kabarettistischen Darbietungen. In dieser Zeit üben auch die Cliquen zu vorgeschriebenen Zeiten, in bestimmten Straßen. Kostüm- und Larvenproben gehören selbstverständlich dazu.

Und dann kommt das Ynepfiffe, der Sonntagabend vor Fasnachtsbeginn. Die Cliquen tragen ihre Laternen, auf denen in Karikaturen das Thema dargestellt ist, an den Ort, wo sich am anderen Morgen die Clique zum Morgestraich trifft. Die Laternen sind noch verhüllt oder nur mit einer Kerze beleuchtet. Nur Pfeifer begleiten sie.

Und dann geht's los. Es ist Montagmorgen, in aller Früh. Punkt vier gehen die Lichter der Basler Innenstadt aus. Es ist stockdunkel. Am Treffpunkt der Clique wird die Beleuchtung der Laterne angezündet, die Steckenlaternen und die Kopflaternen, die auf den Köpfen der Spielleute brennen. Die Clique trägt ihr Kostüm und die Larven und der Tambourmajor kommandiert: «Morgestraich, vorwärts, marsch.» Und die Trommler trommeln jene überaus komplizierten und rhythmisch hochinteressanten Trommelmärsche, die manchen Jazzdrummer zum Studium nach Basel führt. Und die Pfeifer pfeifen dazu. Wenn die Züge der Cliquen anhalten, dann gibt es Mehlsuppe und Zwibelewäje. Die Stadt ist voll mit Fremden, die von den Baslern keinesfalls besonders gerne gesehen werden (obwohl sie um die 20 Millionen in Hotels und Gaststätten lassen). Dies ist ihre Fasnacht.

Am Montagnachmittag findet der Cortege statt, der Vorbeimarsch der Cliquen mit ihren Laternen am Komitee zur Prämierung. Beste Gelegenheit, alle Cliquen und ihre Laternen zu sehen. Das Komitee ist die als Verein verfaßte oberste Fasnachtsbehörde Basels. Sie koordiniert z. B. auch die Sujets, organisiert die Veranstaltungen, verhandelt mit den Behörden.

Bis in die Nacht hinein ziehen die Cliquen durch die Straßen, während in den Lokalen Basels die Schnitzelbänke vorgetragen werden. Am Dienstag gehört die Stadt den Kindern, den Buebezygli und den Schyßdräggzygli. Auf dem Münsterplatz sind die Laternen ausgestellt. Und am Abend spielen die Guggenmusigen ihre so genial falsche Musik. Am Mittwochnachmittag gibts nochmal Cortege und Schnitzelbänke und das Gäßle genannte Marschieren der Cliquen durch die Stadt. Am Donnerstagmorgen um vier ist Schluß. Am Sonntag allerdings gibt es den Abendstraich, den Schnitzelbanggschlußoobe, aber jetzt ist es nicht mehr erlaubt, in Maske und mit Trommel auf die Straße zu gehen. An den darauf folgenden Sonntagen finden Ausflüge der Cliquen statt.

Kulinarisch gibt es an Fasnacht neben der Mehlsuppe und der Zwibelewäje, Fasnachtsküchle und Faschtewäje.

Es gibt in Basel einige traditionelle Kostüme, das ist der Bajaß, besonders der Blätzlibajaß, der mit dem alemannischen Fecklehäs verwandt ist. Der Dummpeter, die Figur des einfältigen naiven Abkömmlings aus gutem Basler Haus. Der Altfrangg, die französische Tracht der Vorrevolutionszeit. Der Waggis, ein Kohlebrenner aus dem benachbarten Elsaß. Der Ueli, ein Narr mit Schellenkappe. Die alti Dante, die Figur einer alten Dame im Kostüm des vorigen Jahrhunderts.

Was übrigens die Masken betrifft, die Larven, so hat man ursprünglich gewöhnliche handelsübliche Masken verwendet. Nach dem Ersten Weltkrieg wurde es üblich, daß namhafte Künstler die Larven entwarfen. Das gilt heute sowohl für Larven, Laternen als auch Kostüme. Die Basler Fasnacht ist ästhetisch ein künstlerisches Ereignis, das nichts mit der schmuddeligen Schäbigkeit, wie sie manchmal an Fasnacht zu sehen ist, zu tun hat. Etwas muß noch erwähnt werden. Zur traditionellen Basler Fasnacht gehört das Intrigieren. Ein Maskierter trifft im Lokal, auf der Straße einen ihm persönlich Bekannten, das kann ein Freund sein, ein Nachbar, ein Kollege, der Chef oder eine Persönlichkeit des öffentlichen Lebens. Den greift er nun so witzig wie möglich mit kritischen Worten an. Er sagt ihm, wie es im Schwarzwald heißt: «D'Woret». Jetzt kommt es darauf an, daß der Angegriffene mit Toleranz und Schlagfertigkeit reagiert. Daraus kann sich ein witziger Dialog entwickeln, wenn, ja wenn zwei Geistreiche aufeinandertreffen.

Wenn Sie nun nach Basel gehen wollen, dann vergessen Sie vor allem nicht, sich eine Fasnachtsplakette zu kaufen. Sie dient zur Finanzierung der Fasnacht. Schließlich sind Kostüme, Masken, Laternen, Zettel, Schnitzelbänke nicht umsonst zu haben.

Wenn man von der Fasnacht schreibt, der Nacht vor dem Fasten, sollte man vielleicht auch ein Wort zu diesem sagen.

Fasten, das bedeutet auf das Essen verzichten. Ich kenne es aus der Ostkirche. Dort hat jeder Gläubige vor den großen Festen, Ostern und Weihnachten, 40 Tage zu fasten, vor Peter und Paul zwei Wochen, vor dem 15. August, der «Entschlafung Mariens» zwei Wochen, am Tag vor Johanni, Kreuzerhöhung und an jedem Mittwoch und Freitag der Woche. Fasten, das heißt in der Ostkirche kein Fleisch und keinen Fisch, keine Milch, kein Ei, keine Butter, keinen Käse.

In der katholischen Kirche vor dem 2. Vatikanischen Konzil war der Fleischverzicht am Freitag vorgeschrieben, das 40tägige Fasten vor Ostern und das Fasten an einigen speziellen Tagen des Jahres. Fasten das hieß, sich nur einmal am Tag sattessen.

Christen fasten nach dem Vorbild des Christus, der vor seinem ersten öffentlichen Auftreten 40 Tage in der Wüste gefastet hat.

Juden fasten und Muslime. Das Fasten der Muslime findet in ihrem Monat Ramadan statt. Die Muslime rechnen nach einem Mondkalender. Das Mondjahr ist kürzer als das Sonnenjahr und so verschieben sich seine Monate ständig gegenüber dem westlichen Kalender. Darum kann der Ramadan zu unterschiedlicher Jahreszeit liegen. In der Zeit des Ramadan essen und trinken Muslime zwischen Sonnenaufgang und -untergang nichts. In der Nacht ist Essen und Trinken erlaubt.

Welchen Sinn hat das Fasten? In erster Linie wohl einen erzieherischen. Absehen lernen von den eigenen Wünschen und Bedürfnissen, sich beherrschen lernen. Den Geist und den Willen auf anderes richten, zum Beispiel auf Gott, auf den Weg zu ihm. Lernen, sich auf Wesentliches zu konzentrieren.

Bei meinen Begegnungen mit orthodoxen Mönchen habe ich ihr konsequentes Fasten erlebt. Es ist ein Teil ihrer Arbeit an sich selbst. Sie glauben, die höchste Aufgabe, die der Mensch hat, sei alle Möglichkeiten zum Guten, die in ihm stecken, zu verwirklichen, Gott immer ähnlicher zu werden.

Wie aber steht es mit dem gesundheitlichen Wert des Fastens? Da ist die Rede von Regeneration, von Reinigung und Entschlackung. Tatsächlich aber sieht die moderne Medizin das sogenannte Heilfasten eher kritisch. Fasten nach den religiösen Vorschriften läuft auf den bekannten Rat FdH = «Friß die Hälfte» hinaus, und dagegen ist kaum etwas einzuwenden. Soweit der Körper alles hat, was er zum Funktionieren braucht. Selbst in der Ostkirche, wo Fasten bedeutet, keine Proteine, d.h. eigentlich keine tierischen Proteine. Dafür essen die Griechen gehörig viel weiße Bohnen und die vom Fastengebot ausgenommenen Tintenfische, Muscheln und Krustentiere. Die Muslime ernähren sich normal bei Nacht, was auf FdH hinausläuft. Die westlichen Christen aßen sich einmal am Tag satt. Nein, bei dem kritischen Fasten handelt es sich z.B. um die Nulldiät oder den Verzicht auf Kohlehydrate, die im Verdacht stehen, besonders dick zu machen. Totaler Nahrungsstopp bedeutet für den Körper eine Notsituation, auf die er mit Überlebensreaktionen antworten muß. Das bedeutet, daß der Stoffwechsel durcheinandergerät. Er scheidet sogenannte Keton-Körper aus. Es kommt zu Übersäuerung. Die Niere wird in besonderer Weise gefordert. Diese Übersäuerung kann auch nicht durch viel Trinken ausgeglichen werden, im Gegenteil, Herz, Kreislauf und Niere werden zusätzlich belastet. Auf alle Fälle darf man Fastenkuren dieser Art unter gar keinen Umständen ohne ständige ärztliche Kontrolle durchführen. Mit anderen Worten nur in einer entsprechenden Klinik oder einem Sanatorium.

Zum Thema Fasten schreibt Karl O. Glaesel in *Heilung ohne Wunder und Nebenwirkungen*:

«Jede langandauernde Fastenkur bleibt nicht ohne Einfluß auf Herzmuskel und Niere. So erlebten wir in einem Fall, den wir genau verfolgen konnten, nicht nur einen Kreislaufzusammenbruch während des Fastens, sondern auch noch nach Beendigung des Fastens eine unerwartete Nierenentzündung, die lebensbedrohend war.»

Glaesel gibt auch eine Antwort auf die Frage, warum sich manche Menschen beim Fasten so wohl fühlen: Die Ketonstoffe rufen eine gewisse Euphorie hervor, und Nicolai Worm spricht in diesem Zusammenhang in seinem *Ratgeber Ernährung* von morphinähnlichen Substanzen, die der hungernde Körper produziert und die wie das Rauschgift Morphin Wohlbefinden vorgaukeln, wo gar keines ist. Fasten also ja, aber vernünftig und ohne Extreme und Einseitigkeiten.

Basler Mehlsuppe

  5 EL eingesottene Butter (Butterschmalz)
  5 EL Mehl
     1 Zwiebel, geschält, fein gehackt
   2 l Fleischbrühe
        Salz
        Muskat
100 ml Rotwein
  4 EL Rahm (Sahne)
  50 g geriebener Sbrinz oder Parmesankäse

Die Butter erhitzen. Auf kleiner Flamme unter ständigem Rühren das Mehl ½ Std. rösten. Es muß kastanienbraun werden. Während der letzten 10 Min. die Zwiebel mitrösten. Mit der Fleischbrühe nach und nach ablöschen. Dabei gut rühren, damit keine Knöllchen entstehen. 2 Std. köcheln lassen, salzen, würzen, den Rotwein beigeben. In gut vorgewärmte Suppenteller anrichten, eventuell einen EL Rahm in die Tellermitte geben. Mit dem Käse bestreuen.
(Bildseiten 142/143)

Fasten-Rührei

100 g Brennesselspitzen oder Spinatblätter, gewaschen
  2 EL Butter
     1 Zwiebel, geschält, fein gehackt
     6 Eier
        Salz, Pfeffer
  50 g Parmesan-Käse, gerieben

Das Gemüse in kochendem Wasser 5 Min. blanchieren, abschütten, grob hacken. Die Butter schmelzen, die Zwiebel darin glasig dämpfen, das Gemüse beigeben, 5 Min. dämpfen. Die restlichen Zutaten miteinander mischen, darübergeben, fest werden lassen.
(Rezept ohne Bild)

Zibelewaje

Teig:
250 g Mehl
  ½ KL Salz
  ½ EL Weinessig
  4 EL Sonnenblumenöl
100 ml eiskaltes Wasser
  2 EL Butter, flüssig, aber nicht warm (1)
Belag:
  2 EL Butter (2)
600 g Zwiebeln, geschält, fein gehackt
     3 Eier
100 ml Rahm (süße Sahne)
100 ml Milch
        Salz
        Pfeffer

Teig: Das Mehl in eine Schüssel sieben. Alle Zutaten mit einem Kochlöffel oder Teigschaber rasch miteinander vermengen, mit möglichst kalten, nassen Händen zusammendrücken, in ein feuchtes Tuch gewickelt mindestens ½ Std. im Kühlschrank lassen. Den Teig für ein Wähenblech von 30 cm ⌀ auswallen. Am Rand hochziehen. Auf das mit einem Backpapier belegte Blech legen. Mit einer Gabel mehrmals einstechen.
Belag: Die Butter (2) schmelzen, die Zwiebeln beigeben und auf kleiner Flamme 10 Min. dünsten. Abkühlen lassen. Die übrigen Zutaten miteinander vermengen, zum Zwiebelbrei geben. Diesen auf den Teig schütten. Im auf 200° C vorgeheizten Backofen 20 – 30 Min. goldbraun backen. Sofort servieren.
(Bildseiten 142/143)

Quarkkrapfen

       100 g *frische Butter*
       100 g *Zucker*
             3 *Eier*
                 abgeriebene Schale einer gewaschenen
                 Zitrone
         1 EL *Cognac oder Rum oder Kirschwasser*
       400 g *Magerquark*
       3 EL *Milch*
       400 g *Mehl*
          ½ *Päckchen Backpulver*
       1 ½ l *Fritieröl*

Die zimmerwarme Butter mit dem Zucker rühren, bis die Masse hell und schaumig ist. Unter ständigem Rühren ein Ei nach dem andern beigeben.

Den Quark mit einer Gabel zerdrücken. Die Milch dazugeben und alles zu einem homogenen Brei rühren. Die restlichen Zutaten zum Teig geben, alles glattrühren. Das Mehl und das Backpulver über den Teig sieben und einarbeiten. Das Fritierfett in einer Friteuse auf 180° C erhitzen. Dem Teig eßlöffelgroße Portionen entnehmen. Diese mit nassen Händen zu Kugeln drehen, auf jeder Seite 3 – 4 Min. fritieren. Nur soviele Krapfen einfüllen, daß sie nebeneinander schwimmen können. Auf einem Küchenpapier abtropfen lassen (einmal wenden) und noch warm mit Zucker bestreuen.

Schenkeli

100 g *Butter*
200 g *Zucker*
    4 *Eier*
       abgeriebene Schale einer gewaschenen
       Zitrone
 2 EL *Kirschwasser*
500 g *Mehl*
1 Pr. *Salz*
1 ½ l *Fritieröl*

Die zimmerwarme Butter mit dem Zucker rühren, bis die Masse hell und schaumig ist. Ein Ei nach dem andern, Zitrone und Kirsch beigeben und ¼ Std. rühren. Das Mehl dazusieben, mit dem Teig vermengen. Den Teig in ein feuchtes Tuch gehüllt mindestens 1 Std. kühlstellen. Portionenweise zu fingerdicken Rollen formen, diese in 6 cm lange Stücke schneiden. Das Fritieröl auf 180° C erhitzen. Die Schenkeli darin während 5 Min. goldbraun fritieren.

Basler Fasnachtskiechli

500 ml *Rahm (süße Sahne)*
2 *Eier*
1 EL *Zucker*
1 *Prise Salz*
200 g *Mehl*
1 ½ l *Fritieröl*
3 EL *Puderzucker*

Rahm und Eier miteinander mit dem Schneebesen schlagen. Nach und nach Zucker und Salz darunterarbeiten. Das Mehl sieben und EL-weise dazu geben. Zuletzt mit den Händen kneten.

Den Teig zu einer Kugel formen und in einem feuchten Tuch 1 Std. ruhen lassen.
Die Teigkugel zu einer Rolle formen. Diese in etwa 12 Teile zerteilen. Jeder Teil wieder zu einer Kugel formen und diese mit dem Wallholz auf einer bemehlten Unterlage möglichst dünn auswallen. Ein Küchentuch über das Knie legen und die Teigblätter noch dünner ausziehen.

Das Fritieröl auf 180° C erhitzen. Die Küchlein einzeln auf jeder Seite 1 Min. backen. Auf Küchenpapier abtropfen lassen. Noch warm mit Puderzucker bestreuen.

Schwäbische Fasnachtsküchlein

 ½ *Hefewürfel*
2 EL *Wasser*
500 g *Mehl*
2 EL *Zucker*
 1 *Ei*
 1 *Prise Salz*
300 ml *Milch*
1 ½ l *Fritieröl*
1 KL *Zimt*
2 EL *Zucker*

Die Hefe mit dem Wasser auflösen. Das Mehl in eine Schüssel sieben.
In der Mitte eine Vertiefung machen. Das Hefe-Wasser-Gemisch hineinschütten, etwas Mehl darunterrühren. 15 Min. stehen lassen. Nach und nach die übrigen Zutaten (Milch portionenweise!) daruntermischen. Mit den Händen gut durchkneten, den Teig zu einer Kugel formen und mit einem feuchten Tuch bedeckt 2 Std. gehen lassen. Den Teig nochmals durchkneten, zu einer Kugel formen, diese flach drücken und wie eine Torte in 8 gleich große Stücke zerteilen. Jedes Stück nochmals durchkneten, auswallen, mit einem Teigrädchen in rautenförmige Stücke von ca. 6 cm Seitenlänge schneiden. Das Fritieröl auf 180° C erwärmen. Die Küchlein auf jeder Seite zwei Min. fritieren. Noch warm mit Zimt und Zucker bestreuen.

Narrenkartoffeln

125 g *Butter*
250 ml *Milch*
1 *Prise Salz*
200 g *Mehl*
6 *Eier*
30 g *Mandeln, gemahlen*
30 g *Korinthen*
30 g *Zitronat, fein gehackt*
1 *Prise Muskatblüte*
1 ½ l *Fritieröl*
1 KL *Zimt*
2 EL *Zucker*

Butter, Milch und Salz aufkochen. Das Mehl auf einen Teller sieben und in einer Portion dazugeben. Auf kleiner Flamme rühren, bis sich die Masse in einem Kloß vom Pfannenboden löst. Den Kochtopf vom Feuer nehmen. Nach und nach die Eier darunterrühren, die Mandeln, Korinthen, das Zitronat und die Muskatblüte beigeben.

Den Teig auf eine mit Mehl bestäubte Arbeitsfläche geben, in zwei Portionen teilen. Jede Portion zu einer Rolle von ca. 6 cm ⌀ formen. Jede Rolle in etwa 20 Stücke teilen, diese zu länglichen Laibchen formen und im auf 180° C heißen Fett schwimmend goldbraun backen. Man hebt sie aus dem Fett, läßt sie auf einem Küchenpapier abtropfen und bestreut sie mit Zucker und Zimt.

Stichwortverzeichnis

Literaturnachweis

Develey Robert, **Die Basler Fasnacht** in **Das Markgräflerland Heft I 1993,** herausgegeben vom Geschichtsverein Markgräflerland e. V., Schopfheim

Fülscher, Elisabeth, «**Das Fülscher-Kochbuch**» 12. Auflage, Müller Rüschlikon Verlags AG CH-Cham/Zug

Glaesel Karl O., **Heilung ohne Wunder und Nebenwirkungen,** Labor Glaesel Verlag, Konstanz

Handwörterbuch des Deutschen Aberglaubens Band 1 bis 10 Walter de Gruyter Verlag, Berlin – New York 1987

Kranz Brigitte, **Das grosse Buch der Früchte,** Südwest Verlag, München 1988

Kujawski, Olgierd E. J. Graf, **Das grosse Buch vom Wild,** Teubner Edition im Gräfe & Unzer Verlag 1992

Liebster Günther, **Warenkunde Obst und Gemüse,** Band I und II, Morion Verlag, Düsseldorf 1988

Müller Susanna, «**Das fleissige Hausmütterchen**» 19. Auflage, Verlagsbuchhandlung Zeller, Zürich 1918

Pellegrino Artuse, «**L'arte di mangiar bene**» 3. Auflage, Barion, Milano 1926

Teubner Christian u. a., **Das grosse Buch vom Fisch,** Teubner Edition im Gräfe & Unzer Verlag 1992

Teubner Christian u. a., **Das grosse Buch vom Geflügel,** Teubner Edition im Gräfe & Unzer Verlag 1992

Vollmer Günter u. a., **Lebensmittelführer Fleisch, Fisch** Deutscher Taschenbuch Verlag, München 1990

Vollmer Günter u. a., **Lebensmittelführer Obst, Gemüse** Deutscher Taschenbuch Verlag, München 1990

Worm Nicolai, **Ratgeber Ernährung, ein Wegweiser in die Ernährungsphysiologie,** TR-Verlagsunion, München 1989

Worm Nicolai, **Ratgeber Ernährung, über Glaube, Hoffnung und Wahrheit moderner Ernährungslehren,** TR-Verlagsunion, München 1989

Worm Nicolai, **Gesund mit Fleisch,** Econ-Verlag, Düsseldorf 1990

Bezugsquellen

Kastanienprodukte

CH Hildegard Vertriebs AG, Aeschenvorstadt 24, CH-4010 Basel, Tel. 061 272 24 79
D Jura Naturheilmittel, Nestgasse 2, D-78464 Konstanz, Tel. 07531 3 14 87

Bildnachweis

Bilder Seiten 2, 10/11, 25, 36, 38, 51, 100, 106, 114, 115 von Werner O. Feißt, Bild Seite 150 aus Sue Style «Typisch Schweiz», Müller Rüschlikon Verlags AG, Cham.